Anonymous

Die Entwickelung der österreichischen Verfassungs-Partei

Anonymous

Die Entwickelung der österreichischen Verfassungs-Partei

ISBN/EAN: 9783743405233

Hergestellt in Europa, USA, Kanada, Australien, Japan

Cover: Foto ©Suzi / pixelio.de

Manufactured and distributed by brebook publishing software (www.brebook.com)

Anonymous

Die Entwickelung der österreichischen Verfassungs-Partei

Die Entwickelung

der

österreichischen

Verfassungs-Partei.

Von

Rudolf Freiherr v. Hackelberg-Landau,
Landtags-Abgeordneten für den Großgrundbesitz in Steiermark.

Graz 1870.

Commissionsverlag des „Leykam".

Das politische Leben unterliegt denselben Gesetzen, wie alle Erscheinungen der Natur; es hat daher zur Erforschung der ihm zu Grunde liegenden Gesetze und Principien der Weg vom Besonderen zum Allgemeinen als der kritisch richtige zu gelten.

Sowie das Gesetz in der Erscheinung liegt und beide nur durch den Prozeß des Denkens getrennt sind, als Form und Materie, so ist das Princip des politischen Lebens die Resultirende der gesammten Gedankenarbeit, soweit sich dieselbe in Wort oder That manifestirt. Es ist ein Irrthum zu meinen, daß ein **abstractes** Princip ein politisches Programm, eine politische Partei zu **bilden** vermöge.

In einem gegebenen Augenblicke des politischen Lebens bildet eine **besondere** Frage von größerer Wichtigkeit die Parole des Tages; sie tritt mit der pulsirenden Kraft des individuellen Lebens an die Erscheinung; sie erweckt Kämpfe für und wider. Es bilden sich Parteien, deren Einfluß wiegt nicht allein nach der **Kraft des Gedankens**, sondern auch nach der **Schwere der Massen**.

Ein Princip ist wohl die Parole der Parteigliederung, aber kein abstractes, welches das Programm der **ferneren** Entwicklung der Partei gebe, sondern ein concretes Princip zur Lösung einer gegebenen Frage.

Unter dem Lichtscheine oder dem Schlagschatten dieses Principes entwickelt sich mit innerer Naturnothwendigkeit aus dem Kampfe der Partei nach **Außen**, sowie aus dem Drucke und Gegendrucke der individuellen Geister im **Schooße der Partei selbst**, ein allgemeinerer Standpunkt, ein politisches Programm, welches aber nie der unwandelbare Leitstern aller Parteigenossen sein wird, da es auch in der Partei nur die Resultirende des gesammten Denk- und Wollensprozesses derselben ist.

Ich vernehme hier freilich den Vorwurf der Principienlosigkeit, den Vorwurf des Mangels an politischer Voraussicht. Und ich gebe diesen Vorwurf auch zu. Wenn ich aber meine Ansicht dennoch festhalte, so geschieht es, weil ich dieselbe den wirklichen Verhältnissen entsprechend finde, während die Aufstellung eines absoluten Principes, aus welcher sich die logische Gliederung der concreten wirklichen Bildung ergibt, eine theoretische Utopie ist, sowohl im individuellen, wie im Gattungsleben der Menschen, sowohl in der geistigen, als materiellen Entwicklung der Welt.

Der Einheitsdrang des logischen Denkens führt im Wege der Abstraction zur Voraussetzung der höchsten Kategorie, zum selbstbewußten universalen Weltgedanken, zur unbegriffenen Gotthypothese, aus welcher nach selbstbewußten Gesetzen sich das Weltall harmonisch entwickelt. Der individuelle Mensch vermag bis auf einen gewissen Grad einem solchen Ideal für die Sphäre seines Denkens und Wollens nachzustreben. Aber ebenfalls nicht aus dem Staube der Schulweisheit, sondern nur aus der Abstraction eines erfahrungsreichen Lebens erblüht im späteren Mannesalter eine philosophische Lebensanschauung als Richtschnur seines Denkens und Wollens, als Richtschnur sage ich, und nie als Dogma. Wird es zum Dogma, so ist es auch aus mit der philosophischen Lebensanschauung, es ist das Greisenalter des Kinderglaubens hereingebrochen, gleichgiltig, ob an ein Dogma innerer oder äußerer Offenbarung. Noch weniger aber, als im individuellen Leben des einzelnen Menschen, wo doch in diesem einen Menschenhirn Denken und Gedachtes, Wollen und Thun concentrirt sind, ist bei einer Vereinigung von Vielen ein universelles Programm möglich. Es ist nur immer eine Einigung unter dem Banner einer großen Idee zur Erreichung eines gegebenen Zweckes denkbar. Dieses Banner ist getragen von Einem Sinne und Einem Wollen. Es ist der Schlachtruf der politischen Partei; aber nicht das Programm der Gesammtthätigkeit.

Wenn ich nachgewiesen habe, daß das Programm eben sich aus der Gesammtthätigkeit der Parteimänner entwickelt, welche unter dem

Banner einer Einheitsidee sich geeinigt haben, so ergibt sich, auf das Leben der Partheien die Gesetze des individuellen Menschen übertragen, auch das Gesetz für die Kraftentwickelung des Gedankens zum intensiven Wollen oder der That.

Sowie die That nur dann eine lebenskräftige ist, wenn sie der vollen Concentration des Gedankens und Wollens entspricht, so wird im Parteileben dasselbe nie eine solche gebären, wenn nicht die lebensfrische Einigkeit des Gedankens aus dem Pulsschlag des Wollens eines jeden Einzelnen sich ergibt, oder mit anderen Worten, wenn nicht das Programm der Partei aus seiner Abstraction — im gegebenen Augenblicke zum Schlachtruf der Gesammtheit wird. Ist derselbe ertönt, dann erstarkt die Partei, indem sie Alles, was nicht mit ihr ist, ausscheidet.

Da treten alle Bedenklichkeiten zurück, der Schlachtruf ist kein Compromiß von Gründen; der Schlachtruf entrollt das eine Banner der lebenswarmen Idee mitten heraus aus dem acuten Kampfe der Gegenwart. — Der Schlachtruf gebiert nicht formale Schemen, die sich in die Wirklichkeit hinübersehnen; nein, er ist die That, er ist der einheitliche Gesammtausdruck des Gedankens und Wollens der individuellen Massen, und siegt als solcher nach dem Gesetze der Schwere der in einer Idee geeinigten Atome.

Aus diesem Grunde zeigt die Geschichte, daß große Thaten der Heroen nur dann von weltumstaltender Bedeutung waren, wenn die Größe der Idee auch von den Massen erfaßt und getragen war. Die großen Ideen eines Kaisers Josef konnten sich in seiner Zeit nicht entfalten, weil sie nicht von den Massen als die ihrigen aufgenommen wurden; sie wurden nicht Fleisch und Blut, weil sie die Conception eines großen Cäsar waren, der seinem Jahrhundert voraus eilte, als er den Star der Finsterniß zu stechen versuchte und das lichtscheue Auge mit dem Strahle der Aufklärung blendete.

Wenn aber die Idee weite Kreise geschwungen, wenn sie ein Gemeingut der großen Mehrzahl geworden, wenn die Atome im Staate gegliedert, im Parlamente ihre Vertretung genießen, dann wird der Ausdruck dieser Idee in der Form des Gesetzes von umsichgreifender Wirkung, von allgemeiner Anerkennung. Die Verjüngung des richtigen Augenblickes von Seite der Parteiführer, einer Idee Rechnung zu tragen, hat aber die Folge, daß nach dem gleichen Gesetze der Schwere die in einer Idee geeinigten Atome sich in anderer Form zu gliedern bestreben, und, einmal die Form gefunden, wenn auch mit brutaler Gewalt, die Idee zum Durchbruch bringen werden. Ohne Rücksicht auf die politische Vergangenheit der Führer werden dieselben über Bord geworfen, wenn sie sich weigern, der persönliche Ausdruck des zum Schlachtruf gewordenen Programmes der Massen zu sein. Wo der Zwiespalt der Anschauung keine Lösung findet, wo das Compromiß der verschiedenen Anschauung zerschellt an dem contradictorischen Gegensatze des Zwiespaltes, wo der Gegensatz aus dem Gebiete des formulirenden Denkens sich condensirt hat zum Gegensatze des thatdürstigen Wollens, da hat der Parteiführer Farbe zu bekennen, und wenn er in der Ehrlichkeit seiner Ueberzeugung nicht den Extremen zu huldigen vermag, wenn er einsieht, daß ihm die Kraft fehlt, die überschäumenden Fluthen in ein geregeltes Fahrwasser zu lenken, abzutreten und jenen die Verantwortlichkeit zu überlassen, die das Wagniß übernehmen, sich dem Strome der Geister zu widersetzen, oder an der Spitze derselben einherzusteuern.

Sind diese Betrachtungen über das politische Parteileben die richtigen Abstractionen aus der inneren Natur derselben, dann geben sie uns auch das Criterium zur Beurtheilung der österreichischen Verfassungspartei, ihre organische Entwicklung im Kampfe gegen Außen und im Innern und geben uns vielleicht den Fingerzeig ihrer ferneren Entwicklung.

Es würde zu weit führen, um die Genesis der Parteientwicklung bis zu ihrer embryonischen Entwicklung zurückzuführen.

Die Geburtwehen der parlamentarischen Entwicklung in Oesterreich reichen zwar bis in das Jahr 1848 zurück, ohne für die Bildung der österreichischen Verfassungspartei in ihrer jetzigen Bedeutung entscheidend zu sein. Auch die Zeit des Diplomes von 1860 hat keine nachhaltige Wirkung in der Parteiorganisation hervorgerufen. Jedoch klingt aus der Zeit des verstärkten Reichsrathes durch die

Stimme des Siebenbürgen Magger ein volltönendes Wort in unsern Ohren nach: „Repräsentativ-Verfassung Oesterreichs". Ein anderes großes Princip hallt uns aus dieser Zeit nach von Ungarns Söhnen ausgesprochen: „Rechtscontinuität". Beide haben den Begriff Repräsentativ-Verfassung gemein und unterscheiden sich durch die Parole Großösterreich als Gegensatz zur ungarischen Rechtscontinuität.

Auch in diese Zeit fällt schon der erste Ausspruch der Handelskammern, die zu einer legalen Begutachtung aufgefordert wurden — freilich nur in sehr indirecter Weise in Bezug auf confessionelle Verhältnisse. Dieser Ausspruch war der erste legale Schmerzensschrei über den Hohn, den Oesterreich im Concordate erlitten.

Die Verfassung von 1861 brachte eine Idee zur Verwirklichung, die Idee der Theilung der Gewalten. Unter diesen allgemeinen Begriff subsumirten sich alle Gegner der absoluten Regierungsform.

Noch waren die Parteiungen nicht vollzogen, noch wagte sich das kaum gewordene Parlament an politische Fragen, noch dehnten sich die Verhandlungen um die Besorgung der Geschäftsmaschine aus und es siechte die Zeit mit Verhandlungen über Ablösung der Lehen und mit ausführlichen Budgetdebatten hin. Die eigentlichen politischen Tagesfragen, die schlichen nur allmählig bei der Hinterthüre ein.

In der Frage der Geschäftsordnung über die Errichtung der Abtheilungen im Hause der Abgeordneten vollzog sich eine tiefgehende Parteiung.

Die einen Abgeordneten gerirten sich schon damals nur als Delegirte der Landtage, während von anderer Seite sich jeder als Vertreter des Reiches ansah, von seiner engeren Heimat zwar durch den Landtag, aber zur Vertretung der Reichsangelegenheiten als solcher berufen. Jede dieser Parteien mußte viele Nuancirungen haben; auch läßt sich keine richtige Bezeichnung für die eine, wie für die andere geben.

Die Partei, welche ich zuletzt bezeichnete, hat als besonderes Criterium der Unterscheidung, daß sie die Begründung der persönlichen, individuellen Freiheit des österreichischen Staatsbürgers durch eine repräsentative Verfassung anstrebte, während die Gegenpartei nicht die Freiheit des Individuums als Bürger des modernen Rechtsstaates Oesterreich, — sondern die Freiheit der **Nationen** als Gattungsbegriff, oder die Freiheit von **Gesellschaftskreisen** anstrebte.

Die zweite Partei gliederte sich daher vor allem in die **nationale, feudale** und **clericale** Partei.

Der gemeinsame Gegner brachte gemeinsame Verbindungen zu Stande.

Daß die Benennung der Parteien mit dem Namen Centralisten und Föderalisten nicht der richtige ist, wird die weitere Entwickelung nachweisen.

Noch ist ein **dritter** Factor zu erwähnen, der auf der Arena des parlamentarischen Kampfes nicht erschienen und daher auch nicht als Partei angesehen werden kann. Während die beiden Parteien im Gegensatze zum Absolutismus, der sich selbst aufgegeben hat, von der Verfassung Besitz ergriffen und dieselbe für sich als unumstößliches Staatsrecht acceptirten, haben die Ungarn, festhaltend an ihrer Jahrhunderte alten Verfassung, ihre **Rechtscontinuität** geltend gemacht und die den absolut regierten Völkern octroirte Verfassung für sie als unverbindlich erklärt.

Diese Auffassung der Ungarn mußte im österreichischen Parlamente selbst zur Erörterung gelangen, und bald waren weitere Unterscheidungen der Ansichten in den bisherigen Parteien die natürliche Folge. Nachdem die Entwickelung der österreichischen Verfassungspartei die Aufgabe dieser Zeilen ist, so übergehe ich die Verhandlungen hinter den Coulissen zwischen den nationalen Parteien, ich übergehe namentlich die Allianz der Nationalen mit den Feudalen in Böhmen, der Nationalen und Clericalen bei den Südslaven, der Feudalen und Clericalen in Tirol, Alle mit ihren föderalistischen Bestrebungen; das Schwanken der polnisch-nationalen Partei zwischen föderalistischer und autonomischer Gestaltung. Erwähnen muß ich jedoch das Zurückgreifen der Czechen auf ihr verjährtes böhmisches Staatsrecht.

Der passive Widerstand der Ungarn mit dem Banner der Rechtscontinuität fand seine Nachäffung in der Partei der czechischen Declaranten, welche das Princip der Rechtscontinuität auf diese längst erstorbene Landesordnung anwendeten, ohne Berücksichtigung des thatsächlichen Unterschiedes zwischen der Charte Ungarns, welche vom ungarischen Volke im Jahre 1848 dem modernen Zeitgeiste angepaßt fort und fort im Bewußtsein des Volkes unversehrt erhalten und einer alten Landesordnung, über die der Geist von zwei Jahrhunderten dahingewandelt, welche dem Bewußtsein des Volkes entrückt, welche nicht mehr staatsrechtliches Substrat zur Zeit des legitimen Absolutismus, welche durch Beschickung des auf der Grundlage der 1861=Verfassung zusammenberufenen Landtages und Reichsrathes von der Nation thatsächlich desavouirt war.

Das Princip der Rechtscontinuität, auf welches die Ungarn sich beriefen, gegenüber dem an sie gestellten Ansinnen der Verzicht=leistung auf ihre Verfassung durch Beschickung des österreichischen Gesammtreichsrathes, wurde auch von der österreichischen Verfassungs=partei in Erwägung gezogen, und eine tiefgehende Scheidung war die logische Folge. Die Logik der Ungarn mußte von allen acceptirt werden, welchen der Bestand der verfassungmäßigen Aera und deren organische Fortbildung am Herzen lag.

Sie mußte von jenen acceptirt werden, welchen der Begriff Recht ein heiliger war, welchen die O c t r o i r u n g einer Verfassung von Seite des l e g a l a b s o l u t e n Monarchen eine Quelle des Rechtes erscheint, denen aber jede f e r n e r e Octroirung ein U n r e c h t ist, da sie die Sistirung des bestehenden Rechtes involvirt.

Die Frage drängte sich also auf: „Was ist in Ungarn derzeit Staatsrecht?" Der f a c t i s c h e Zustand war der der Gewaltherr=schaft. Ueber den s t a a t s r e c h t l i c h e n Zustand waren die Meinungen getheilt.

Jene, deren politisches Ideal ein großes, einiges centralisirtes Oesterreich war, fanden die Formel der R e c h t s v e r w i r k u n g von Seite der Ungarn durch den Sieg der Waffen über die revolutio=näre Partei.

Die Folge war, daß der Absolutismus bis zu dem Augenblicke als Staatsrecht für Ungarn zu gelten habe, als die Ungarn von dem Geschenke des Absolutismus durch Beschickung des Reichsrathes Besitz ergreifen würden, wie es die Böhmen und andere Provinzen gethan haben, von welcher Zeit dann auch die österreichische Verfassung als magna Charta für Ungarn angesehen würde. Kraft des Rechtes des

Absolutismus war sogar nach der Theorie der Rechtsverwirkung diese Verfassung für Ungarn sogleich Staatsrecht und die Budgetgesetze des Reichsrathes waren unter dem Schutze des §. 13 auch für die Länder der Stefanskrone giltig.

Auf Grundlage einer octroirten Wahlordnung gelang es dem Ministerium der großösterreichischen Partei, die Siebenbürger nach Wien zu bekommen, und die Aussicht auf weitere Erfolge bei Slaven und Wallachen Ungarns inaugurirte die Politik des „Zuwartens". — Daß das Princip der Rechtsverwirkung, wie es Ungarn gegenüber als staatsrechtliche Basis proclamirt wurde, wohl im Interesse der Machtstellung discutirbar ist, mag zugegeben werden.

Der freisinnige Staatsmann kann dasselbe weder vom Standpunkte des Rechtes, noch der Politik acceptiren. Nicht vom Standpunkte des Rechtes, denn 1. war die sogenannte revolutionäre Partei in Ungarn nur ein Theil und nicht die Gesammtheit. Mit welchem Rechte wird das Recht der Gesammtheit verletzt, wenn es nur ein Theil verwirkt hat? Mit welchem Rechte wurde die altconservative magyarische, mit welchem Rechte die gesammte kroatische Partei gemaßregelt? 2. Wann und bis zu welchem Umfange ist die liberale 1848=Partei in Ungarn die revolutionäre gewesen? Wer war der legitime König Ungarns, was war Verfassung in Ungarn? Gewiß nicht die octroirte vom April 1849. Was waren und woher kamen die Anlässe zu den extremsten Ausschreitungen? Die Dictatur einer kleinen republikanischen, revolutionären Cohorte bemächtigte sich der Führerschaft, während die ungarische Nation im Ganzen dynastisch und constitutionell war.

Und politisch ist die Frage der Rechtsverwirkung vom Standpunkte der Monarchie, wie von jenem der Volksvertretung zu verneinen.

Vom Standpunkte der Monarchie: Denn welcher ist der Rechtstitel des Besitzes der Länder der Stefanskrone? Wenn nicht die Rechtscontinuität, auch nicht die pragmatische Sanction, sondern der Sieg der Gewalt. Und da erinnere ich, daß Görgey sich bei Villagos dem Fürsten Paskievich ergeben und der übermüthige Marschall, ohne auch der Siege unserer treuen Truppen zu gedenken, das Königreich Ungarn zu den Füßen des Czaren legte.

Und vom Standpunkte der **Volksvertretung** ist das Princip der Rechtsverwirkung unannehmbar, denn es ist das Princip der Gewalt, das Princip der Sistirung des unveräußerlichen Rechtes des mündig erklärten Volkes.

Das Princip der **Rechtscontinuität** acceptirt, mußte ebenso für Ungarn als Recht anerkannt werden, als es von den Verfassungsanhängern für Westösterreich acceptirt war. Es mußte dieses Princip consequent durchgeführt zu dem autonomistischen Satze führen, daß die **Volksvertreter einer Provinz** nicht berufen sind, über die angeblichen **Rechte anderer Länder** ein Verdict zu sprechen, so lange diese andern Länder sich nicht durch **Beschickung des gemeinsamen Parlamentes für die gemeinsamen Angelegenheiten im gemeinsamen Staatsrechte** geeinigt und hiedurch die gemeinsame **Verfassung** als die ihnen zu Recht und Pflicht gewordene anerkannt haben, deren weitere Abänderung nur im Wege der legalen Gesetzgebung innerhalb des Rahmens der Verfassung abgeändert werden könne und dürfe. Während also die Verfassung von 1861 für alle Länder, welche den Reichsrath beschickt, unumstößliches Staatsrecht geworden ist, ist die Beurtheilung, ob dieselbe auch für die Länder der Stefanskrone zu gelten habe, eine Frage, deren rechtsgiltige Entscheidung nicht in die Competenz des Reichsrathes fällt, so lange diese Länder durch die Nichtbetheiligung an demselben dessen Competenz eben läugneten. Nicht Sache des Reichsrathes war es, Ungarn gegenüber zu entscheiden, ob der Titel der **Gewalt** oder der **pragmatischen Sanction** der Titel der Union Ungarns mit der Gesammtmonarchie sei; ob daher der Absolutismus mit seiner Emanation der österreichischen Verfassung, oder die alte Verfassung Ungarns für dieses als Staatsrecht zu gelten habe. — Allerdings hat der Einwurf rücksichtlich Siebenbürgens eine scheinbare Berechtigung. Hierbei ist aber zu bedenken, daß die Beschickung des Reichsrathes durch Siebenbürgen nur vom Standpunkte der Rechtsverwirkung eine legale war, denn dieselbe war auf Grundlage der Sistirung der früher bestandenen Wahlordnung und Octroirung einer neuen erreicht worden.

Ist die Frage der Rechtscontinuität der Verfassung für die Länder der Stefansfrone eine offene, nicht in die Competenz des Reichsrathes gehörige, dann ist auch die Frage der Wahlordnung Siebenbürgens, als zu den Ländern der Stefanskrone gehörig, eine offene. Dann ist die Gesetzmäßigkeit dieser Octroirung selbst in Frage gestellt, und mit ihr alle daraus folgenden Consequenzen.

Wurde aber in der Folge das volle Princip der Rechtscontinuität von allen maßgebenden Factoren vollkommen anerkannt, so war hiemit auch für Siebenbürgen nur die alte Wahlordnung die verfassungsmäßige und die auf Grundlage der octroirten Wahlordnung geschehene Beschickung des Reichsrathes ohne irgend eine Präjudiz für die staatsrechtliche Entwicklung sowohl Ungarns, als der Gesammtmonarchie.

Aus dem Gesagten ergibt sich die tiefe Sonderung, welche sich in der Verfassungspartei und mit ihr in den Deutschen Oesterreichs vollzogen.

Es bildete sich der Gegensatz der großösterreichischen oder Centralisten-Partei, und der Partei, welche sich die der Autonomisten nannte.

Die Autonomisten-Partei bildete sich aus den sogenannten innerösterreichischen Provinzen, während der Rest der Verfassungspartei sich im Club der Union als streng ministerielle centralistische Partei einigten. Die Deutschen waren in den beiden Lagern der Verfassungspartei vertheilt, mit Ausnahme der Tiroler, welche als Feudale und Clericale sich mit den Nationalen verbanden.

Sowie Gewalt und Recht eine tiefe Kluft zwischen sich bergen, wenn sie nicht in höheren Begriffen der legitimen Herrschaft ihre Vermittlung finden und die legitime Herrschaft im constitutionellen Staate nicht von der überwiegenden Majorität der Bevölkerung anerkannt wurde: so mußte die Herrschaft der großösterreichischen Partei zerbröckeln, wenn sie es nicht vermochte, sich bald allgemeine Anerkennung zu verschaffen. Der Erfolg mit dem Eintritte der Siebenbürger auf Grundlage einer octroirten Wahlordnung war ein trügerischer und lullte das Ministerium als Führer der Partei in den süßen Schlaf der: „Zauder"=Politik. Keine große erlösende, keine belebende Idee konnte dieses Ministerium durchführen.

Ebenso zaudernd wie in der staatsrechtlichen Entwicklung war es ablehnend in der confessionellen Frage gewesen, welche alle Geister schon damals mächtig beschäftigte. Unter dem Alp des Concordates fühlte sich der gebildete Katholik ein Paria in der Kirchengemeinde.

Mit kühnem Griff und geistreicher Conception legte Mühlfeld sein Religionsedict vor. Dieses Wort wäre eine rettende That geworden; das Ministerium dachte aber schon damals: „wir können warten".

Der moralische Todesstoß des Ministeriums und mit ihm seiner Partei war aber die Interpretation über die Verantwortlichkeit der Minister im § 13. Diese war ein Hohn, welcher das Ministerium dem constitutionellen Princip in's Angesicht warf, der unmöglich Ungarn und Croatien für das Preisgeben ihrer Verfassung zu Gunsten der Octroirten von 1861 einladen konnte. — Diese Interpretation des § 13 war die Grube, welche das Ministerium sich selbst grub, indem es durch diese Auslegung der Politik der Sistirung einen legalen, verfassungsmäßigen Rechtstitel schuf.

Mußte da nicht das Princip der Rechts=Continuität erwachen, mußte nicht das gestärkte Rechtsgefühl die gleiche Anerkennung für Ungarn wachrufen! Mußte nicht das Bewußtsein am Beispiele Ungarns erstarken, daß für uns die verfassungsmäßige Freiheit nur in der Unantastbarkeit des Principes der Rechts=Continuität garantirt ist? Deshalb war in dieser Sterilität der Verfassungszustände, wo schwere Wolken allseits aufstiegen, der Ruf der Autonomisten begründet: „Friede mit Ungarn!" Doch dieser Ruf des deutsch=österreichischen Patrioten Kaiserfeld, er war ein Ruf in die öde Nacht, aus deren trostloser Finsterniß die Stimme zurückhallte: „Wir können warten!"

Und dieselbe Partei war es, die nach dem Tage von Frankfurt auf die Legitimität des deutschen Bundes wies, und vor dem Bündniß mit dem Junker Bismark warnte. Vom curulischen Stuhle angeborener diplomatischer Weisheit wurde der prophetische Mahnruf der deutschen Volksmänner mitleidsvoll belächelt.

Und so war die alte ministerielle Verfassungs=Partei lahm gelegt, und wenn viele der Vorwürfe die Minister nicht treffen, weil sie die Durchführung der Sanction nicht erwirkten, so sind doch nur sie allein die Verantwortlichen, da es ihnen frei stand, ihre Portefeuilles nieder zu legen und an der Spitze ihrer Partei als Abgeordnete einher zu schreiten. Daß sie es nicht thaten, war vielleicht in ihrer Meinung ein Act des Patriotismus, war vielleicht ein Martyrium der Ueberzeugung, daß nach ihrem Abtritte schlimme Zeiten für Volk und Reich eintreten werden.

Hat aber ihr Verbleiben ihre Entsetzung verhindert? ständen sie nicht höher in der Geschichte, wenn sie freiwillig abgetreten wären? Wie ganz anders würde das Ministerium Schmerling als Grundsteinleger der österreichischen Verfassung sich leuchtend abheben von der düsteren Folie der darauf folgenden Sistirung! —

War das Ministerium und die Partei Schmerlings die Trägerin einer erhabenen Idee, so war die Partei der Sistirung die Partei der Negation des verfassungsmäßig bestehenden Staatsrechtes in Westösterreich, als solche die Partei der Negation des Rechtes überhaupt. Sie war das zersetzende Element der österreichischen Staatsidee, die mit centrifugaler Geschwindigkeit ihrer Peripherie zuströmte.

Ohne Ungarn befriedigt zu haben, hat sie in den nicht ungarischen Provinzen das Gefühl der Reichsidee untergraben.

Der Träger desselben, das deutsche Element, das die Idee des modernen Rechtsstaates, die individuelle Freiheit des Staatsbürgers, die Gleichberechtigung desselben ohne Rücksicht auf Confession, Stand und Nationalität, den Gedanken der Zusammengehörigkeit und mit ihm den österreichischen Staatsgedanken vertrat, wurde in seinem heiligsten Rechtsgefühl verletzt; sie, die Träger der Bildung, als Fangball den Gegnern hingeworfen, als die Verräther und preußische Ueberläufer gestempelt, — sie, die kurz vorher ihre Warnungsstimme gegen Preußen ertönen ließen.

All' den Parteien, die nur in der Verneinung eine Majorität gaben, wurden die Deutschen, der relativ stärkste und gebildetste Volks=

theil, als Beute hingeworfen. Die Wurzel der Monarchie, die alte, treue Eiche der Deutschen, die aus dem Westen und Centrum des Reiches ihre grünenden Blätter hinaussprossen ließ in die anders sprechenden Länder, sie sollte ihres Laubschmuckes sich berauben lassen, und abgeschnitten vom organischen Gefüge des Mutterstammes ihre grünenden Sproßen verdorren sehen. Zum Sturze des deutschen Volksstammes sollten Czechen und Slovenen sich mit Mazuren und Ruthenen einigen unter dem Symbole slavischer Rassen-Einheit — Völker, die in Sprache und Bildung in nationaler und politischer Richtung so weit von einander verschieden sind. Die Czechen, die nach Moskau pilgern zum Erbfeinde der Polen, sollen sich brüderlich mit diesen verbinden, um die Deutschen zu vernichten.

Und im Interesse des Staates Oesterreich, der Dynastie der deutschen Habsburg-Lothringen proclamirt man die Idee der slavischen Rassenherrschaft und hofft die Magyaren Ungarns zu versöhnen, jenes Ungarn, welches durch Rußlands Hilfe niedergetreten ward.

Diesen Zeitpunkt der Zerstörung aller inneren Bande, alles inniglichen patriotischen Gefühles benützten die Feinde der Monarchie, dieselbe in einen Doppelkrieg zu verwickeln.

Nicht Mangel der Tapferkeit unseres Heeres, sondern das Gefühl der Haltlosigkeit der inneren Zustände und die baare Verachtung des Fortschrittes in der Bewaffnung und Kriegführung unseres früheren Allirten in Schleswig-Holstein, führte zur Katastrophe im siebentägigen Feldzug. Das prophetische Wort aus dem Munde der deutschen Volksvertreter hat sich entsetzlich erfüllt und der Bruch der Verfassung fürchterlich gerächt.

Indessen war der Prager Friede auch der Wendepunkt in der Geschichte des österreichischen Verfassungslebens. Das Princip der Rechts-Continuität fand zuerst in Ungarn seine volle Anerkennung und Durchführung.

Nicht der Kaiser von Oesterreich, gestützt auf ein von einer großen Majorität seiner Völker getragenes Ministerium, schloß Frieden mit den constitutionellen Ungarn, nein, es war der König von Ungarn, der nach 18jährigem Widerstande sich dem Staatsrechte der 1848-Verfassung beugte, dieselbe als gesalbter König feierlich beschwor, und dagegen das Versprechen der gesetzlichen Regelung der gemeinsamen Angelegenheit, wie sie von der 67. Commission vorgeschlagen war, einlöste.

Wenn vom staatsrechtlichen Standpunkte der Ungarn diese einseitige Lösung auch vollkommen correct war, und keine formal gültige Gegeneinwendung von den Anhängern des Principes der Rechts-Continuität dagegen erhoben werden konnte, so sind gegen diese einseitige Lösung der ungarischen Frage doch folgende Bedenken zu erwägen, welche für die Stellung der Parteien im Wiener Reichsrathe von großer Nachwirkung waren.

1. Die Partei der Autonomisten war eben nur eine Fraction der österreichischen Verfassungspartei, welche den Standpunkt der Rechts-Continuität hüben und drüben als oberstes Rechtsprincip festhielt.

Aber in einem Punkte war ein großer Theil derselben wenigstens soweit mit der großösterreichischen Partei eins, daß in den großen Fragen der hohen Politik und des Volksinteresses neben dem theoretischen Rechtsprincipe auch die factische Gestaltung maßgebend sei, umsomehr, nachdem das theoretische Princip der ungarischen Rechts-Continuität gegenüber dem Principe der Verwirkungstheorie in der Auffassung des Reichsrathes selbst, keine allgemeine Anerkennung hatte; —

2. daß die factische Wechselbeziehung durch volle 18 Jahre zwischen Ungarn und Oesterreich eine Fülle gemeinsamer Rechte und Pflichten schuf, welche durch unbedingte Anerkennung der 1848-Gesetze in Ungarn, für Oesterreich ein Präjudiz waren.

Allerdings war für einige Mitglieder der autonomistischen Partei, welche die staatsrechtliche Entwicklung vom engern Standpunkte des Privatrechtes betrachteten, die Frage eine traurige Consequenz eines logischen Gedankenganges.

Aber wie selbst im Privatrecht jener Schule gegenüber, welche aus absoluten Rechtsbegriffen die concreten Schlüsse zu ziehen gewohnt ist, die historische Schule die Resultirende der Rechtsanschauungen aus der lebensfrischen Entwicklung der realen Verhältnisse zieht, umsomehr wird im modernen Staatsrecht den factischen Verhältnissen fort und fort Rechnung getragen werden müssen. Die factischen Verhältnisse üben fort und fort den intensivsten Eindruck auf die Rechtsanschauungen, sind die Quelle eines fortwährenden Ideenkampfes zwischen rechtlicher Anerkennung und Verleugnung derselben. In diesem fortgesetzten Kampfe werden dieselben die Quelle einer neuen Rechtsanschauung, wenn die rechtliche Anerkennung derselben auf der ganzen Linie gesiegt hat.

Die Consequenz dieser Entwicklung ist: einerseits, daß wenn das böhmische Staatsrecht ein überwundener Standpunkt war, das ungarische sich lebenskräftig erhalten hat, daß aber andererseits, die factischen Verhältnisse, die sich in der Periode von 18 Jahren entwickelten, doch eine Quelle von Rechten und Pflichten für die Gesammtmonarchie bildeten, die ohne rechtlicher Beeinträchtigung der einen Hälfte nicht einseitig mit der andern hätten gelöst werden sollen.

Das Princip der Rechts-Continuität forderte die legale Reconstruction des ungarischen Staatsrechtes für alle bis 1848 giltigen Verhältnisse. Das Princip der Rechts-Contimität bedingt aber auch die volle Legalität der österreichischen Verfassung, so weit nicht das ältere Staatsrecht Ungarns durch sie beeinträchtigt wird.

Die factischen Verhältnisse der verschiedenen Sistirungen sind, wenn auch rechtlich kranke, doch im Leben des organischen Gefüges, wie seinen Theilen reale Emanationen des Staatslebens und treffen das Ganze desselben, so wie verhältnißmäßig seine Theile.

Diese factischen Verhältnisse sind die Quelle von Recht und Pflicht des Ganzen und seiner Theile, in Bezug auf Dritte, so wie untereinander.

Und sind in den Anschauungen über Recht und Pflicht die Theile verschiedener Ansicht, so hat bei einem Ausgleich jeder der Theile vertreten zu sein. Die Consequenz ist, daß mit Ausnahme jener wenigen, welche die einseitige volle Durchführung der 1848 Gesetze in Ungarn als logische Consequenz annahmen, die große Majorität des später vereinigten österreichischen Reichsrathes die einseitige Wiederherstellung der 1848 ungarischen Verfassung durch den König von Ungarn als eine factische Nothlage betrachtete.

Bevor wir auf die weitere Entwicklung der Ausgleichsfragen zwischen Oesterreich und Ungarn eingehen, müssen wir auf die Entwicklung des verfassungsmäßigen Lebens aus dem Marasmus der Sistirung zurückkommen.

Daß das Verhältniß ein unhaltbares geworden, daß die Vertretung des Volkes zur Consolidirung des ins Wanken gerathenen Staatsgebäudes nöthig war, wurde selbst von den Ministern dieser Aera begriffen.

Die Organisation der Monarchie auf föderativer Basis konnte schon deßhalb zu keiner Geltung gelangen, weil Ungarn an seinem alten Staatsrechte festhielt und die Herstellung desselben nach der Katastrophe von Königgrätz ein Gebot der Nothwendigkeit war.

Die Idee eines außerordentlichen Reichsrathes für die nicht ungarischen Länder im Gegensatze zum verfassungsmäßigen war die Parole, welche von Oben ausgegeben wurde. Sie war die Parole der Octroirung gegenüber der Rechts=Continuität. Das Banner der Rechts=Continuität war jenes des sogenannten Programmes von Aussee, um welches die gesammte österreichische Verfassungspartei sich schaarte, welche angesichts des Prager Friedens, angesichts der bevorstehenden Bedrückung der deutschen Nationalität in einem constituirendem Parlamente den national=deutschen Charakter zum erstenmale kräftiger betonte.

Angesichts der erlittenen Schmach, angesichts der drohenden Gefahr war es Zeit, dem deutschen Michel in Oesterreich die Zipfelmütze von den Augen zu ziehen, auf daß er im Kampfe der Nationalitäten aus seinem cosmopolitischen Traume erwache.

Es war aber auch Zeit nach Oben den Mahnruf ertönen zu lassen. Ein constitutionelles Oesterreich oder keines. Es war auch Zeit jenen, welche Oesterreich aufgaben ob des gekränkten deutschen Nationalbewußtseins zuzurufen: Oesterreich sei auch ein deutsches Interesse. Und daß es mehr denn ein deutsches, daß es ein cultur=historisches, ein europäisches geworden, angesichts des Cesarismus im Norden, Westen und Osten, angesichts des finstern Papismus im Süden, dürfte das Ergebniß der Neuzeit nachweisen.

Das Resultat der Wahlen in die Landtage hatte zur Folge,

daß Belcredi dem Freiherrn von Beust weichen mußte, der mit staatsmännischem Geschicke die Beschickung des Reichsrathes auf Grundlage der legalen Wahlordnung in Fluß brachte.

Hiermit hat die deutsch-österreichische Partei unter dem Banner der Heiligkeit des österreichischen Staatsrechtes einen großen Sieg erfochten. Mit Anerkennung des Principes der Rechts-Continuität hüben wie drüben war die dualistische Gestaltung der Monarchie eine nothwendige Consequenz; Nur war Ungarn uns jetzt in allem überlegen.

Während Ungarn ganz einfach an der Continuität der Gesetze vom Jahre 1848 anknüpfte und damit ein politisches Staatsrecht erlangt hatte, und auf Grundlage dieses Staatsrechtes die Vorschläge seiner Commission in der Ausgleichsfrage zum Gesetze erhob, mußten wir unser Staatsrecht Schritt für Schritt vertheidigen, weil immer von den nationalen Gegnern die Competenz-Streitigkeiten zwischen weiterem und engeren Reichsrathe, zwischen Reichsrathe und Landtagen geltend gemacht wurden.

Die Zurückweisung eines qualitativen Antheiles an der Staatsschuld von Seite Ungarns ist eine Consequenz der Anerkennung des ungarischen Staatsrechtes. Dieselbe belastet nicht unmittelbar die Schultern des österreichischen Steuerträgers, sondern die Besitzer der österreichischen Schuldtiteln, wohl aber mittelbar den Credit unserer Staatshälfte, welche, ohne einen Gewinn von der Couponsteuer zu haben, doch das Odium eines verkleideten Staatsbankerottes auf sich nehmen mußte.

Während Ungarn im vollen Besitze seiner Verfassung sich befand und als Anwalt seiner Sache ein parlamentarisch, verantwortliches Ministerium besaß, stand Westösterreich ihm gegenüber vollkommen wehrlos, durch die Politik der Sistirung in seinem Rechtsbewußtsein, in seinem nationalen Frieden auf das tiefste erschüttert. An seiner Seite ein Ministerium, dem vor Allem nur das dinastische Interesse, der Erhalt der Monarchie in was immer für einer Form am Herzen lag, ohne daß es, wie Ungarn, auch einen Vertreter seiner Sonderinteressen gehabt hätte.

Kein Wunder, daß der Ausgleich zwischen Ost- und Westösterreich für Ungarn den Löwenantheil erwarb. Der Ausgleich mit

Ungarn war aber die Abschlagszahlung für die Erkämpfung des Constitutionalismus und der Grundrechte in Oesterreich. Die Erreichung des vollen Constitutionalismus war das Programm der Verfassungspartei. Im zweiten Theile des Programmes des Clubs der Linken von 1867 hieß es wörtlich: „Zu den den vollen Constitutionalismus verbürgenden Gesetzen müssen wir diejenigen Gesetze zählen, welche den Zweck haben, die volle Souverenität der Staatsgewalt in Beziehung auf die Schule, den Unterricht, der Gerichtsbarkeit in Eheangelegenheiten, so wie auf die unbehinderten Functionen der gesetzgebenden, richterlichen und vollziehenden Gewalt auch in Ansehung der geistlichen Personen und ihrer Vermögensrechte wieder herzustellen.

Die gänzliche Befreiung der Schule und des Unterrichtes von allen beengenden Fesseln, die volle Entfaltung der Intelligenz, und die Erzielung wirkliches Wissens und Könnens in der großen Maße des Volkes, erscheint für uns auch als eine Vorbedingung der wirthschaftlichen Entwicklung desselben, indem nur die größte Anspannung aller geistigen und materiellen Kräfte und Mittel in Verbindung mit einer dieselben weise pflegenden Regierungsthätigkeit den außerordentlichen Anforderungen vielleicht zu entsprechen vermögen wird, welche der finanzielle Ausgleich mit Ungarn der diesseitigen Reichshälfte in erdrückender Weise auflastet.

Wir verpflichten uns demnach bei den nunmehr an das Abgeordnetenhaus herantretenden Aufgaben im Sinne der eben ausgesprochenen Anschauungen in die Berathung einzutreten, und unsere Stimmen abzugeben. —"

Wenn der Verfassungspartei kein Vorwurf über die thatsächlichen Verhältnisse gemacht werden kann, welche durch die schweren Schicksalsschläge herbeigeführt wurden, so gebührt derselben doch das Verdienst, daß sie aus dem Ausgleiche mit Ungarn das möglichst erreichbare freiheitliche Capital geschlagen hat.

Hätte die Partei den Ausgleich mit Ungarn nicht acceptirt, so hätte dies an der Thatsache der staatsrechtlichen Entwicklung Ungarns nichts geändert; Ungarn hätte keinen Kreuzer für die gemeinsame Staatsschuld beigetragen, während Westösterreich ohne freiheitlichen

Gewinn in Sistirungsweise bis zum Ausbruche einer Revolution administrirt worden wäre.

Der colosale, wirthschaftliche Aufschwung der verflossenen Jahre hätte nicht in annähernder Weise statt gehabt, während die Lasten ohne parlamentarischer Vertretung, von keinem Gesetze geregelt, auf unsere Schultern gewälzt worden wären.

Die Grundrechte, wie die confessionellen Gesetze sind eine Errungenschaft, die aus der Initiative des Reichsrathes entsprangen; ebenso einzeln wichtige Paragraphe in dem Grundgesetze der Verfassung, wie Verantwortlichkeit der Minister ꝛc.

Wenn damals die Verfassungspartei nicht schon in eine Aenderung der Wahlordnung einging, so lag dies eben in dem Umstande, daß sie mit dieser Aenderung den Bestand des Reichsrathes selbst in Frage stellte. Nie wäre damals eine ⅔ Majorität zu Stande gekommen und eine solche ist zur verfassungsmäßigen Abänderung nöthig.

Dieser Reichsrath, der im Gegensatze des sogenannten außerordentlichen nie den Character einer Constituante annehmen durfte, durfte auch keine Aenderungen vorschlagen, welche er nicht durchzuführen Aussicht hatte. Deshalb durfte er auch damals in keine Reformation des Herrenhauses eingehen, eben so wenig einen Antrag auf bloße Abschaffung des Concordates in Vollberathung nehmen.

Die Autorität des Abgeordnetenhauses, seine legale Existenz war durch die Sistirungs Aera noch zu sehr geschwächt, als daß dasselbe die Zurückweisung und Nichtsanctionirung seiner Beschlüsse damals ertragen hätte.

Eine Oportunitäts-Politik ist staatsmännisch und zu rechtfertigen, wenn sie ohne das Recht zu verletzen mit sicherem Schritte das Ideal des Rechtes: die Freiheit anstrebt.

Der gewagte Sprung nach dem Ideal ist eben so verwerflich, als die Rechtsverletzung aus Oportunität gründen.

In der Concordatsfrage hat das Haus der Abgeordneten den staatsmännischen Weg der Specialgesetzgebung eingeschlagen. Wurde schon durch die Grundrechte die erste Bresche in dasselbe gestoßen, so war die Sanctionirung der Gesetze über Ehe, Schule und inter=

confessionelle Verhältnisse in sichere Aussicht gestellt, während im Gegentheil ein Beschluß über die blos formelle Aufhebung des Concordates schwerlich bei den beiden andern gesetzgebenden Factoren durchzusetzen gewesen wäre.

Ueberdies hätte die bloße Abschaffung des Concordates in der Gesetzgebung eine Lücke geschaffen, indem längst unbrauchbare Gesetze wieder zur momentanen Geltung hätten kommen müssen, während durch Einführung positiver Gesetze den Anforderungen des modernen Staates entsprochen, das Concordat zwar nicht direct aufgehoben, aber eben so weit durchlöchert wurde, als seine Bestimmungen mit jenen der neuen Gesetze im Widerspruche standen.

Es war eine diplomatische Action des Abgeordnetenhauses mit der Wiedereinsetzung des alten Eherechtes zu beginnen, denn da war der wenigste Widerstand im Herrenhause zu besorgen, dessen Mitglieder doch nicht ein Gesetz anstößig finden konnten, unter dessen Giltigkeit seine älteren Mitglieder sich verehelicht, seine jüngern geboren wurden. Das Princip der staatlichen Gerichtsbarkeit in Ehesachen war erkämpft, selbst wenn die Nothcivilehe im Herrenhause verworfen worden wäre. —

War aber das Eherecht der geistlichen Gerichtsbarkeit entrissen, so war es zweifellos, daß auch die Schule der ausschließlichen Domäne der Priester entrissen werde.

Die Bedeutung des Concordates als eines österreichischen Staatsgrundgesetzes war durch die neuen Gesetze geschmälert. Das Concordat war herabgerissen von dem Piedestal des noli me tangere, es war zu einem untergeordneten Gesetze über die Regelung confessioneller Verhältnisse unter der Staatsautorität herabgesunken. — Seinem sachlichen Inhalte nach hatte das Concordat nicht mehr der Schlachtruf der Gibellinen in Oesterreich zu sein. Wenn es aber dennoch das Schlagwort bis in die jüngste Zeit geblieben, so liegt das einerseits in der unklaren Auffassung der Massen über seine meritorische Bedeutung, andererseits aber in dem Umstande, daß es im Kampfe der Hierarchie gegen die Staatsgewalt als Banner auf Seite der modernen Welfen entrollt wurde. „Noch ist das Concordat nicht aufgehoben!" war der Schlachtruf auf der

ultramontanen Seite, und hiermit diesen Schemen ein neuer reac=
tionärer Lebensodem zur Berückung der Maßen eingehaucht! Weil
das Concordat der Schlachtruf der Römlinge geworden, welche das
moderne Staatwesen mit theokratischer Reaction bedrohen; weil dem=
selben irriger Weise die Bedeutung eines Fundamentalgesetzes für
Oesterreich beigelegt wird, das „nur durch den Liberalismus vorüber=
gehend sistirt, von der Krone der frommen Habsburger heilig ge=
halten werde," deshalb und nur deshalb ist in dem unerbittlichen
Kampfe zwischen Rom und Staat auch die formale Aufhebung
dringend geboten.

Angesichts der Uebergriffe des römischen Stuhles hat jeder
Staat in Zukunft überhaupt kein Concordat mit Rom als exteri=
torialer Macht zu schließen, sondern die katholische Kirche, wie jede
andere als eine im Staate und unter dessen Gesetzen erscheinende
Genossenschaft zu gelten.

Die Theorie des Staates im Staate ist die Theorie der
Permanenz des Kampfes der geistlichen und weltlichen Macht. Sie
entsprang der Machttheorie zweier Sphären, die in ihren Aufgaben
nicht vollkommen getrennt waren.

So lange die Kirche außer zu lehren, auch herrschen wollte,
und der Staat die Gedanken seiner Unterthanen knechten zu dürfen
wähnte, konnte es zu keiner friedlichen Lösung der Frage kommen, wie
das Verhältniß beider zu einander zu regeln sei.

Der moderne Staat hat die Gedankenfreiheit proclamirt, und
damit die ethische Formel der freien Kirche im freien Staate
gefunden.

Die römische Kirche hat aber diesen Grundsatz nicht acceptirt,
denn sie will die absolute Herrschaft in der Kirche und über
den Staat.

Im Kampfe um sein Dasein muß der Staat zur Aufrecht=
haltung seines Principes mit der Exterritorialität der suveränen Kirche
brechen, alle Concordate mit ausländischen Oberpriestern null und
nichtig erklären, und die confessionellen Verhältnisse nur im Wege
der internen Gesetzgebung nach dem Principe der Cultusfreiheit
regeln. Oesterreich muß vor allem jetzt das Concordat formell für

ungiltg erklären, um den Gegnern das Panier der Lüge zu entreißen, daß es mit dem Principe des modernen Staates nicht ernst gemeint sei.

Wäre diese Schrift eine Aufzählung der im Reichsrathe beschlossenen Gesetze und Ausschußverhandlungen, so müßten in der confessionellen Gesetzgebung noch viele kleinere Gesetze erwähnt werden, welche alle Consequenzen des einmal angenommenen Principes der Specialgesetzgebung sind.

Nachdem aber dies den vorgezeichneten Umfang dieser Schrift überschreiten würde, so sollte nur nachgewiesen werden, daß trotz der ursprünglichen Richtigkeit der Specialgesetzgebung und der damaligen Unopportunität des Mühlfeld'schen Antrages auf einfache Streichung des Concordates, derselbe meritorisch doch seine Berechtigung hatte, vom Geiste der Verfassungspartei obgleich verschoben, doch fort und fort getragen wurde und getragen wird, und durch den Antrag des Abgeordneten Dr. Rechbauer seinen legalen Ausdruck im Parlamente wieder erlangt hat. —

Wenn dieser Antrag uns von den Ketten Roms befreit, so ist die Wiederaufnahme der Mühlfeld'schen Idee der Erlassung eines Religions=Edictes der positive Theil des früher entwickelten Principes: „Regelung der confessionellen Verhältnisse im Staate: nicht durch Concordate, sondern durch interne Gesetzgebung. —"

Wenn wir in der Darstellung der confessionelle Verhältnisse auf den Standpunkt der Gegenwart angelangt sind, welcher den Ausgangspunkt für das Verhalten der ferneren Entwicklung abgibt, so haben wir die politische Entwicklung unserer Verfassungspartei in dem Zeitpunkte verlassen, wo es derselben gelungen ist, eine werthvolle Grundlage des Liberalismus aus eigener Initiative zu begründen und zur Sanction zu bringen; ohne aber das formale Staatsrecht in der Gestalt verändert zu haben, daß auf der Basis einer unmittelbaren Reichsvertretung dem Principe der individuellen Freiheit des österreichischen Staatsbürgers und hiemit dem Reichs=Gedanken Rechnung getragen werde.

Ich werde nachweisen, daß im Gegentheil dieses Princip, welches der Ausgangspunkt der österreichischen Verfassungspartei gewesen ist, vielfach geschwächt und modificirt wurde, und daß mit der Schwäche des Fundamental-Principes mit dessen Sonderung und Unterscheidung auch die Kraft der Verfassungspartei selbst leiden mußte.

Ohne für dieses Fundamental-Princip die nöthige Kräftigung gefunden zu haben, hat der deutsche Liberalismus im Vereinsgesetze, in dem Gesetze über die Geschworenen für Preßangelegenheiten u. s. w. den politischen Gegnern Waffen in die Hand gelegt, welche von den nationalen und clericalen Landtagsführern rücksichtslos ausgebeutet werden. Nicht genug, daß die Landtage in dem Wirkungskreise ihrer Agenden wahre gesetzgebende Körperschaften sind, so hat auch die Ansicht eine weitere Verbreitung gefunden, sie seien die Urquelle der Reichsgesetzgebung, denn nur sie, die Landtage, seien die wahren Vertreter des Volkes, da nur sie aus directen Wahlen dem Volke entsprossen sind; der Reichsrath sei nur eine Delegirten-Kammer der einzelnen Landtage. Die Abgeordneten Galiziens nannten sich, auch ohne Widerspruch zu erfahren, die Delegirten ihres Landtages.

Die ursprüngliche Idee des Centralparlamentes ist derartig geschwächt, daß selbst Vertreter dieser Idee, um dieselbe zu fördern, sie im Principe theilweise negirten. Die Abgeordneten von Niederösterreich plaidirten im Jahre 1869 für die Einführung der directen Wahlen, nicht aus dem Titel der Reichsidee, sondern aus dem des Auftrages des niederösterreichischen Landtages.

Und als über die Frage der directen Reichsrathswahl von den Landtagen ein Gutachten abverlangt wurde, war das Princip der Wahlberechtigung der Urwähler schon so in die Brüche der Landtagssouverenität gegangen, daß mit wenigen Ausnahmen das Recht des österreichischen Staatsbürgers **als solcher** im Reichsrathe vertreten zu sein, ihm durch seine Landtagsabgeordneten bestritten wurde.

Jenen, welchen es mit directen Reichsrathswahlen ernst ist, die nicht blos eine liberale Comödie spielen, müssen wissen, daß die ausdrückliche Anerkennung der Wahlbeschickung durch die Landtage, als Recht **derselben**, im Gegensatze zum Rechte des **Volkes**, heißt:

1. Es ist der Reichsrath nur eine Delegirtenkammer historisch-politischer Individualitäten;

2. Es ist die Einwilligung jedes einzelnen Landtages zur Wahlreform nothwendig, so daß
3. durch die Verweigerung nur eines Landes jede Reform der Wahlordnung des Reichsrathes unmöglich wird.

Es heißt also auch 4. die Einführung der directen Wahlen im legalen Wege des Reichsrathes für immer unmöglich machen, und
5. Das Princip des Föderalismus gesetzlich aussprechen.

Nie und nirgends wurde bis jetzt die Frage der Reichsrathsbeschickung als Recht des Landtages **endgültig** entschieden. Immer wurde bei der Interpretation dieser Frage mehr die Kritik vom privatrechtlichen als vom staatsrechtlichen Gesichtspunkte geübt. Vom letzteren ist dieselbe von jeder Partei in **der** Richtung gelöst worden, die eben **ihrem** staatsrechtlichen Standpunkte entspricht.

Wenn es nach österreichischem Staatsrechte nicht entschieden ist, ob der Reichsrath befugt sei, sich sein Wahlgesetz ohne Zuziehung der Landtage zu reformiren, so ist es doch zweifellos im natürlichen Staatsrecht ein Axiom, daß jede parlamentarische Körperschaft berechtigt ist, sich ihr Wahlgesetz verfassungsmäßig zu reformiren.

Vom Standpunkte de lege ferenda gibt es hierüber gar keinen Zweifel. Vom Standpunkte de lege lata oder des positiven österreichischen Staatsrechtes ist es schwierig, einen objectiven Standpunkt einzunehmen, da die verschiedenen Parteien vom ersten Augenblicke der Beschickung des Reichsrathes eben nur unter dem geistigen Vorbehalt ihrer politischen Anschauung den Reichsrath beschickt haben.

Alle Parteien, welchen die Monarchie nur ein Aggregat der Königreiche und Länder ist, denen die Autonomie, wenn nicht gar die Souverenität der Provinz vor der Gesammtheit des Reiches maßgebend war, werden auch die Competenz der Landtage fort und fort zu erweitern streben und dem Reiche in letzter Consequenz nur die Agenden der äußeren Vertretung und des gemeinsamen Schutzes überlassen. Und da diese Interessen in den Delegationen ihre Vertretung finden, so ist die natürliche Folge die schließliche Beiseiteschiebung des ganzen Reichsrathes und die Beschickung der österreichischen Delegation durch die Landtage, ein Streben, welches die Galizianer offenkundig ausgesprochen haben.

Die Consequenzen eines solchen Vorgehens sind, daß der Schwerpunkt für die Behandlung der gemeinsamen Angelegenheit des Reiches hiermit nach Ungarn verlegt wird, weil die centrale, ungarische Delegation, hervorgegangen aus der Majorität des ungarischen Reichstages, durch die Einheit ihre Abstimmung gegenüber der gespaltenen Anschauung der österreichischen Delegation, hervorgegangen aus 17 Landtagen, stets endgiltig entscheiden wird. Die Folge dieses Verhältnisses ist, daß jener Theil der österreichischen Nationalitäten, welche sich durch die Politik der Delegationen gekränkt sehen, sich der unnatürlichen Führerschaft werden entledigen wollen.

Wenn den Partheien das gemeinsame Band bis jetzt noch als gemeinsamer Hort der Sicherheit galt, so werden sie es von nun an als die gemeinsame Zwingburg zur Durchführung der groß=ungarischen Machtpolitik, abzuschütteln trachten.

Wie in diesem Falle der Dualismus zur vollen Machtentfaltung von Ungarn wird, so wird er durch die natürliche Reaction auch zum Falle gebracht werden.

Und da die Führerschaft Ungarns in der Gesammtmonarchie zugleich die Herrschaft der Magyaren ist, so wird die Stärke der Oposition eine um so größere sein, als die Oposition von Ost= und Westösterreich, gemeinsame Sache gegen die Führerschaft der Magyaren machen würden.

Daß der Zerfall der Monarchie die logische Consequenz der föderativen Gestaltung von Oesterreich ist, scheint hiermit genügend erwiesen.

Der magyarische Kern ist zu klein und schwach um den Cristallisationspunkt so heterogener Elemente zu bilden und wenn die politische Begabung desselben auch keineswegs geleugnet wird, so fehlt ihm doch das höhere culturhistorische Moment, um Theile großer Nationalitäten an sich zu fesseln, welche nach dem Gesetze der Schwere zu ihren Stammesgenossen jenseits der Staatsgrenze gezogen werden. — Dieser Attraction gegenüber muß ein kräftiger Magnet im Centrum das Gleichgewicht halten.

Wenn die Gesammtmonarchie noch ein culturhistorisches, ein europäisches Interesse ist, so ist auch ihre Existenzberechtigung und ihre politische Nothwendigkeit begründet.

Da aber dieselbe nur auf dem Titel des Rechtes, auf dem Titel der pragmatischen Sanction und auf jenem des 1867 Ausgleiches mit Ungarn haltbar ist, so ist auch der Dualismus die einzige staatsrechtliche Form für die Verbindung der beiden Theile des Reiches.

Im Begriff des Dualismus liegt aber die politische Gleichberechtigung nicht allein der Form, sondern auch der materiellen Durchführung des gleichen Einflusses beider Hälften innerhalb dieser Form. Dazu aber ist auch nöthig, daß zu mindesten die Decentralisation der Westhälfte nicht weiter den Schwerpunkt derselben Ungarn gegenüber verrücke.

Die Frage des politischen Gleichgewichtes beider Hälften darf angesichts der Solidarität der ungarischen Hälfte bei uns nicht in die Peripherie der 17 Landtage gelegt sein.

Diese Erwägung vorausgesendet, ergibt auch die Ansicht, welche in der österreichischen Verfassungspartei zu Tage getreten ist und die Richtschnur ihres weiteren Verhaltens abgeben dürfte.

Aus der Erwägung dieser Prämissen ist der gegenwärtige Standpunkt zu beleuchten, die Krise zu erklären, welche eben in der Partei selbst eingebrochen, eben dadurch, daß sie das ursprüngliche Banner ihrer Einigung unbewußt verlassen und den Principien der Gegner Rechnung getragen hat. — Ich habe Eingangs nachgewiesen, daß das germanische Princip der individuellen Freiheit das Grundprincip der österreichischen Verfassungspartei war; ich habe nachgewiesen, daß das Princip der Rechtscontinuität über Ungarn die Scheidung in der österreichischen Verfassungspartei bildete; ich habe nachgewiesen die mehr oder weniger vollzogene Einigung beider in der Frage der Neugestaltung Oesterreichs. Angesichts der Anstrengungen der verkappten Föderalisten und slavischen Autonomisten war auch die österreichische Verfassungspartei wieder geeiniget, um der Gesammtheit wenigstens das für den Bestand des Reiches Nothwendigste zu erhalten.

Ich habe nachgewiesen, wie die Principien des Liberalismus seinen Feinden die mächtigsten Waffen zur Bekämpfung desselben geliefert, und wie Angesichts weiterer Decentralisation die Forderung directer Wahlen für das Parlament eine Consequenz des Principes der individuellen Freiheit des österreichischen Staatsbürgers gegenüber dem Principe der Freiheit von Nationalitäten, feudalen und clericalen Coterien sei.

Es bleibt mir nur noch nachzuweisen, welches die gegenwärtige Situation der österreichischen Verfassungspartei sei, welches die Ursachen seien, die die Blasen fortwährender Krisen aufwerfen.

Wenn wir die Emanation der deutsch-österreichischen Parthei in der letzten Zeit betrachten, so haben wir doch nur mit jenen zu thun, welche den verfassungsmäßigen Punkt festhalten. Den Standpunkt Fischhofs in seiner Brochüre darf ich daher übergehen, weil derselbe die gegenwärtige staatsrechtliche Grundlage so weit verläßt, daß nur durch die Zerstörung des Ausgleiches mit Ungarn seine föderative Gestaltung der Monarchie ermöglicht würde. Das Memorandum der Minoritätsminister verzweifelt derart an der Entwicklungsfähigkeit dieses Reichsrathes, daß nur mit äußerlicher Festhaltung der formalen Rechtscontinuität dasselbe in Wirklichkeit eine Constituante zu bilden beabsichtiget. Beide haben das Gemeinsame, daß sie das Grundprincip der gemeinsamen Staatsbürgerschaft, der Versöhnung der nationalen Gruppen opfern.

Der föderative Standpunkt wurde mit großer Majorität von beiden Häusern geworfen. Demselben gegenüber zeigte sich auch die österreichische Verfassungspartei einmüthig. Die gewonnene Einigung derselben war aber nur eine bedingte. Der autonomistische Theil der österreichischen Verfassungspartei hat neben dem Principe der individuellen Freiheit des österreichischen Staatsbürgers schon so viel Berechtigung den nationalen und Landtagsparteien eingeräumt, daß er in dem Wege zur Erreichung der Wahlreform sich wesentlich unterscheidet sowohl von der Fraction, welche derzeit die Wahlreform für undurchführbar hält, sowie von jener, welche ohne Rücksicht auf die Landtage dieselbe durch den Reichsrath sogleich durchzusetzen den Versuch machen will. Alle Glieder der österreichischen Verfassungspartei stimmen jedoch darin überein, daß zur Durchführung jedenfalls zwei Drittheile Majorität im Reichsrathe nöthig sind.

Ein zweiter Punkt ist theoretisch streitig, ob auch die Zustimmung der Landtage dazu nöthig sei. — Da entfaltet sich wieder der ganze deutsche Doctrinarismus und die Auffassung staatsrechtlicher Fragen vom Standpunkte des Privatrechtes.

Ein dritter Punkt theilt ebenso die Glieder der Verfassungspartei, ob die Einführung directer Wahlen α) für die Monarchie im allgemeinen β) für die deutsch-österreichische Partei insbesondere angezeigt sei.

Und bei jenen, welche γ) für directe Wahlen sind, ob dieselben nur unter Wahrung der Wahl nach den derzeit legalen Interessengruppen und ob nur unter dieser Voraussetzung oder δ) **unbedingt** durchführbar seien. Combiniren wir obige Eintheilungsgründe, so bekommen wir derartig viele Parteiansichten, daß man schier an einer Einigung verzweifeln könnte. Das Project des Minister Giskra ist das einzige, welches die Annahme durch eine ⅔ Majorität im Reichsrathe ermöglicht.

Ich habe schon nachgewiesen, daß die Zustimmung der 17 Landtage unerreichbar ist, mithin **alle**, welche dieselbe zur Wahlreform des Reichsrathes erforderlich ausdrücklich **erklären**, bei der Abgabe der Stimmen zu jenen zu zählen sind, welche gegen jede Wahlreform stimmen, **wenn sie auf dieser Zustimmungserklärung** bestehen.

Indessen dürften viele ernste Staatsmänner sich angesichts einer großen Staatsaction nicht bemüßiget sehen, ihren doctrinären Standpunkt im Reichsrathe zu fixiren, ebenso könnten andererseits alle Mitglieder, welche eine weitere Verfassungsänderung und eine liberalere Wahlordnung anstreben, bei Ablehnung ihrer weiter gestellten Anträge, doch mit dem geringeren Fortschritt zur Consolidirung des Reichsgedankens sich zufrieden geben.

Von diesem Standpunkt aus betrachtet, hatte Giskra's Wahlreformproject die vollste Berechtigung.

Wenn im Staatsleben eine continuirliche Entwicklung der Ideen statt haben soll, so ist es auch besser, wenn ein Schritt nach dem andern gethan wird, besonders wenn dieser Schritt entschieden nach vorwärts und dabei sicher vor jedem Straucheln vollführt wird.

Da im Gesetze über die Wahl des Reichsrathes neben der normalen Beschickung desselben durch die Landtage das Ausnahms=

gesetz besteht, daß der Kaiser sich vorbehält, den Vollzug der Wahl unmittelbar durch die Gebiete, Städte und Körperschaften anzuordnen, wenn ausnahmsweise Verhältnisse eintreten, welche die Beschickung des Hauses der Abgeordneten durch einen Landtag nicht zum Vollzug kommen lassen, so ist die juridische Interpretation gewiß gerechtfertigt, daß der § 7 der Reichsvertretung als **Reichsgesetz** aufzufassen ist, und **dadurch**, daß er im § 16 der Landesordnung erwähnt, und sich darauf berufen wird, des Charakters eines Reichsgesetzes **nicht** entkleidet werden könne. Ist er aber Reichsgesetz, so steht es auch **nur** beim Reichsrath, ihn im verfassungsmäßigen Wege abzuändern **ohne** Rücksicht auf die Landtage, denen es dann unbenommen bleiben mag, den entsprechenden Paragraph der Landesordnung analog abzuändern oder dagegen zu protestiren. **Es ist Zeit, daß der Reichsrath im Kampfe mit den Landtagen von seinem Rechte Besitz ergreife.**

Wenn aber im Reichsrathe selbst zur Stärkung desselben die ⅔ Majorität erreicht werden soll, so darf er für's erste nicht berechtigte Factoren des Reichsrathes selbst ausschließen und sie in's andere Lager treiben. Deßhalb ist der sicherste Schritt der, an die Stelle Regel des § 7 die bisher geltende Ausnahme zu setzen.

Und hiermit ist der Standpunkt Giskras gerechtfertigt. Dem ungeachtet scheint selbst dieser Standpunkt im Centrum der Reichsgesetzgebung keine Aussicht auf Erfolg gehabt zu haben, was den Mann, nach welchem im Munde des Volkes das österreichische, parlamentarische Ministerium den Namen führte, seine Demission einzureichen veranlaßte.

Hiermit ist aber auch der Repräsentant der centralistischen Fraction der österreichischen Verfassungspartei aus dem Ministerium geschieden, der Mann, der den Standpunkt des österreichischen Gesammtbürgerthums, die Idee eines auferstandenen, großen, mächtigen Vaterlandes vertrat.

Mit dem Scheiden Giskra's ist jedenfalls eine bedeutende Krisis in der Entwicklung der Verfassungspartei eingetreten. Vielleicht, daß er als Führer der Partei dieselbe zum Bewußtsein der nöthigen Einigung und Kraftentwicklung heranzieht. Als Abgeordneter vermag er mit dem lebenswarmen Odem seiner individuellen Parteiansicht dieselbe zur That zu entzünden, während seine Stellung als Minister ihm tausend Rücksichten gegen seine Collegen auferlegte. Wenn sein Verlust für das Ministerium ein bedeutender ist, so ist der Gewinn für die Partei gewiß ein ebenso großer. Mit Giskra hat die centralistische Fraction der Verfassungspartei die Action im gegenwärtigen Augenblicke den beiden andern Fractionen überlassen, wovon die eine, (soll ich sie die ministerielle nennen,) der Meinung ist, wegen der Unmöglichkeit einen andern Standpunkt als den des status quo der Verfassung zu erreichen, nur einzelne Nothbestimmungen zu beantragen, um der Politik der Declaranten entgegen zu steuern. Es ist die Richtigkeit der Anschauung nicht zu läugnen, 1. daß im Falle der Umgestaltung der indirecten Wahlordnung in directe die Folge der Nichtbeschickung des Reichsrathes für den Parlamentarismus von großer Gefahr wäre. 2. Auch ist es richtig, daß bei dem Scheiden der Competenz des Reichsrathes und der Landtage jenem in vielen Agenden die Bestimmung der Grundsätze diesen die Durchführung und Beschaffung der Geldmittel obliegt; und daß bei dieser Theilung es wünschenswerth ist, wenn die Reichsräthe als Abgeordnete in den Landtagen die Beschlüsse des Reichsrathes befürworten. Aber der 2. Einwand wird dadurch theilweise entkräftet, daß die Vertretung des Reichsrathes nicht durch Reichsräthe geschehen wird, welche schon im Reichsrathe in der Minorität waren, und Reichsrathsbeschlüsse, welche conform den Principien der Majorität des einzelnen Landtages sind, auch ohne Zureden der Reichsrathsabgeordneten zur Durchführung gelangen werden. Bei Ausbildung des politischen Parteilebens wird die Majorität die gleichen Principien durch ihre Abgeordneten vertreten sehen, wenn sie auch aus getheilten Wahlurnen für Reichsrath und Landtag hervorgegangen sind.

In Erwiederung des 1. Einwandes ist zu bedenken, daß gegenüber der Gefahr der Nichtbeschickung des Reichsrathes in Folge der Wahländerung, die gleiche Gefahr eben bei der Nichtänderung eintritt, ja, daß die Gefahr sogar schon Wirklichkeit ist gegenüber den czechischen Declaranten und gegenüber den deutschen Tirolern. Die kleinen Abänderungen, welche vom Ministerium beabsichtiget werden, sind schon ihrer Halbheit wegen auf keiner Seite zufriedenstellend. Sie erbittern durch ihre Nadelstiche drüben und verstoßen ihrer Unvollkommenheit wegen hüben.

Sie sind nicht einmal zulässig im Sinne des Liberalismus. Denn, wenn es den Wähler beliebt einen Mann zu wählen, der erklärt, er werde im Reichsrathe nicht erscheinen und in dem Punkte mit dem Declaranten übereinstimmt, einen sichtbaren Protest gegen den Reichsrath und die Centralregierung an den Tag zu legen, so wird das Mittelchen der Beschränkung der Candidatur auf Männer der Beschickungspartei eben eine Maßregelung der Urwähler.

Und um auf die Gefahr durch die Wahlreform noch einmal zu kommen, welche durch die Gefahr aus der Nichtänderung aufgewogen wird, stelle ich dieser Gefahr den Erfolg des Sieges der Reichsidee entgegen, wenn die Urwähler mit Umgehung der Landtagskoterien sich für die Gemeinsamkeit der Vertretung im österreichischen Parlamente aussprechen.

Auch diese Ansicht der Ministeriellen hat eine Berechtigung, daß unter der Aera des parlamentarischen Ministeriums eine Fülle werthvoller Gesetze geschaffen wurde, wie sie nicht leicht ein zweites Parlament hervorbrachte, daß das ungestüme Drängen nach Wahlreform dem Ergeize Einzelner entspringt und keine Berechtigung in der veränderten Sachlage seit dem Abschluß der Verfassungsrevision von 1867 habe.

Diese Ansicht wäre vielleicht richtiger, wenn die Verfassung von 1867 1. auch von den czechischen Declaranten schon acceptirt worden wäre, und 2. nicht von jenen, die sich zwar der Majorität beugen, zwar acceptirt, aber stets wieder angegriffen würde. — Sie wäre gewiß richtiger, wenn die Regierung einen jeden solchen Angriff mit dem Hinweis auf die derzeitige Stabilität der Verfassung abgewiesen, und nicht durch die Aussicht auf Aenderungen den centrifugalen Widerstand großgezogen hätte.

Diese Biegsamkeit der Regierung hat dem parlamentarischen Ministerium schon seinen ersten Präsidenten den Fürsten Carlos Auersperg gekostet, in dessen Fußstapfen nun der bürgerliche Minister des Innern folgte. Diese Biegsamkeit war überall erfolglos, am allermeisten aber den Slaven und Ultramontanen gegenüber, die sich nur vor der Macht, nie aber, wie der Deutsche vor einer Idee beugen. Diese Biegsamkeit führte endlich zur Resolution im galizischen Landtage, dessen Beschlüsse von der Regierung in Folge Auftrages des Abgeordnetenhauses dem Reichsrathe zur Begutachtung vorgelegt wurden.

Wenn hinter dem Rücken mit czechischen Declaranten pactirt wurde, so kann diese Biegsamkeit des Abgeordnetenhauses gegenüber dem Votum eines Landtages nicht zum Vorwurf gereichen.

Ich wollte hiermit nur klar legen, daß das starre festhalten am Gesetze von 1867 zuerst von einzelnen Mitgliedern der Räthe der Krone selbst verlassen wurde, und daß das gegenwärtige Ministerium sammt seiner Partei die Erbsünde der Biegsamkeit gegenüber der 1867er Verfassung übernommen, und das Princip der Stabilität jetzt ein unhaltbares geworden ist.

Von dem Augenblicke, als angesichts der Resolution des galizischen Landtages als Gegentrumpf die Frage der directen Wahlen von der öffentlichen Meinung aufgenommen wurde, ist diese Frage zur Höhe einer großen, politischen Frage gestempelt worden, welche sich weder versagen noch mit kleinlichen Mitteln bekämpfen läßt.

Die ministerielle Partei wird vielleicht mit ihren Palliativmitteln die versöhnende Mitte der divergirenden Strömungen im Parlamente ausfüllen, und zwar mit parlamentarischer Berechtigung, da es jedem actionsfähigen Factor an der Macht zur Durchführung seines Programmes fehlt. Sie wird auch die Unterstützung der gesammten österreichischen Partei in Specialfragen genießen, aber der Zustand der politischen Fäulniß wird weitere Fortschritte machen, wenn es die Partei nicht in ihrer eigenen Initiative zur erlösenden That bringt.

Wenn in der politischen Action dem gegenwärtigen Ministerium kein günstiges Horoscop gestellt wird, so ist dies kein Vorwurf den Männern gegenüber, sondern ein Vorwurf der Situation. Es fehlt eben die Idee der Einigkeit des österreichischen Staates, es ist das Ueberwuchern des Provincialismus, der oft stärker ausgeprägt ist, als der Nationalismus.

Diesen Staatsgedanken zu wecken und zu fördern ist die höchste Aufgabe des österreichischen Staatsmannes. Und, wenn etwas diesen Gedanken fördert, so ist es der Gedanke, daß dieser Staat eine culturhistorische Mission zu erfüllen hat. Dazu ist aber die Majestät seiner Unabhängigkeit — und das Bewußtsein derselben im Staatsangehörigen nöthig.

Das Ministerium Hasner erfülle seine Aufgabe, die letzten Ketten Oesterreichs an Rom zu brechen; da ist es getragen von der großen Majorität des Parlamentes des österreichischen Volkes, wie des gebildeten Europas, da ist es im Denken und Herzschlag eines. Es nütze die Gunst des Augenblickes, den ihm der Uebermuth Roms bietet.

Wenn Giskra seine Cabinetsfrage für die Wahlreform machte, so stelle sie Hasner für die gänzliche Aufhebung des Concordates! — Wenn die als ministeriell bezeichnete Partei in der Frage der Wahlreform die möglichste Erhaltung des status quo vertritt, während die centralistische in der Action nicht einmal das Programm Giskra's durchzusetzen vermochte, so ist gegenwärtig der Schwerpunkt der Action der deutsch=österreichischen Autonomistenpartei zugefallen, welche unter Rechbauer's Führung die Frage der Wahlreform auf entschieden democratischer Basis zu lösen anstrebt. Indem sie in der Reformfrage weiter zu gehen beabsichtigen als das Programm Giskra's, so stehen sie diesem Programm nicht unmittelbar entgegen, sondern würden, falls ihre weiter gehenden Bestrebungen nicht acceptirt würden, auch für die weniger weit gehenden stimmen können. — Die äußerste Linke vereiniget mit dem Projecte der Wahlreform auch eine Verfassungsänderung. Das Abgeordnetenhaus hätte mit dem Herrenhaus vereint den Senat oder ein Länderhaus zu bilden, während als 2. Kammer ein aus directen Wahlen entsendetes Volkshaus, und zwar in der Art zu schaffen wäre, daß auf 50 Tausend Wähler Ein Deputirter käme, den Städten und Märkten jedoch $^1\!/_3$ der Deputirtenzahl vorbehalten bliebe. Obgleich dieser Wahlreform und Verfassungsänderung das republikanische Muster der Schweiz und Nordamerika's vorleuchtet, so sind im Schooße der Verfassungspartei folgende Bedenken dagegen gemacht worden: Das Muster ist zuvörderst republikanischen Verfassungen entlehnt, und paßt umsoweniger auf eine Monarchie, als die Cantone der Republiken wirklich souveräne Staaten im Bunde sind, während unsere Königreiche und Länder doch Provinzen eines Staates sind, welche mit demselben einen gemeinsamen Landesherrn in der Person des Kaisers der Monarchie haben. Diese Länder haben nicht jene Fülle der Souveränität in ihren Landtagen, welche nur die Gesetzgebung in Landesangelegenheiten besitzen, und sind in der Administration vollkommen von der Centralregierung abhängig, während die Cantone der Schweiz und die Staaten des vereinigten Nordamerika's volle Souveränität der internen Gesetzgebung und internen Verwaltung genießen.

Das Länderhaus dieser Republiken besteht aus Abgesandten eines jeden Sonderstaates zu gleichen Theilen, wodurch die Souveränität eines jeden Staates vollkommen gleich vertreten ist, ob groß oder klein, wie es auch im Entwurfe des Kremsirerlandtages normirt war.

Zu bedenken wäre ferner, ob das parlamentarische Sistem mit 2 derartigen Kammern überhaupt möglich wäre. Man denke sich die Eifersucht zwischen dem Abgeordnetenhause als Senat einerseits, und dem Volkshause andererseits. Während das eine Haus das Princip der weitest gehenden Autonomie vertritt, wird das 2. centralisirend vorgehen. Das Ministerium soll aber beiden Häusern verantwortlich sein.

Bei der Durchkreuzung politisch und national verschiedener Strömungen ist das Regieren mit dem einen Abgeordnetenhause schon unendlich schwierig — mit zwei aus verschiedenen Grundlagen entstammenden repräsentativen Häusern absolut unmöglich.

Und wenn der Zweck der Wahlreform die Wiederbelebung und Stärkung der Reichsidee ist, warum die gewonnene Stärkung im Unterhause in demselben Augenblicke durch die Reform des Herrenhauses im Sinne der Föderation preisgeben? —

Die Behauptung aber, daß dadurch die Nationalen eher für die Reform zu gewinnen seien, dürfte doch wohl eine fragliche sein, denn wenn dieselben schon jetzt das Abgeordnetenhaus zu centralistisch finden, um wieviel mehr eine Verfassungsreform, wo das Abgeord=

netenhaus das Gewicht seiner Stimme mit den Mitgliedern des Herrenhauses theilen soll und überdies durch Gründung eines aus dem allgemeinen Stimmrecht resultirenden Volkshauses das parlamentarische Schwergewicht in dieses verlegt wird.

Es versteht sich wohl von selbst, daß unter der centralistischen Partei viele die demokratische Wahlreform im Sinne der äußersten Linken acceptiren, ohne der Bildung einer Länderkammer zuzustimmen. Wieder Andere meinen die Reform des Herrenhauses in der Richtung vorzunehmen, daß die Abgeordneten des Großgrundbesitzes und der Handelskammern an die Stelle der Pairs der Krone zu treten haben.

Sowie die Frage der Wahlreform durch die Frage der galizischen Resolution angeregt wurde, so sind diese beiden Fragen auch staatsmännisch nur als Eine Frage aufzufassen.

Ist die Gewährung der Sonderstellung Galiziens von irgend einem Gesichtspunkte haltbar und läßt sich ein Verhältniß zwischen Galizien zu Oesterreich analog jenem von Croatien zu Ungarn rechtfertigen, so ist, wenn die Gewährung dieser Sonderstellung nicht generalisirt zu Föderation führen soll, es nothwendig, daß für die erlittene Schwächung der Rest der Monarchie, analog Ungarn, durch directe Wahlen gekräftigt werde. Die Einführung von directen Wahlen muß die Abschlagszahlung sein für die den Polen bewilligte Sonderstellung.

Diese Idee hat einen starken Anhang namentlich in der deutschen Partei. Indem wir Deutsche durch directe Wahlen von Seite der ehemaligen deutschen Erblande in den Reichsrath den solidarischen Schutz unserer Nationalität in der Monarchie anstreben, haben wir in Galizien kein specifisch deutsches Interesse und finden in den Polen einen Alliirten unserer Nationalität gegen die gemeinsame Gefahr der Absorption durch den Panslavismus.

Daß ein Theil der Deutschen, namentlich jener gemischter Länder, dieser Lösung der Resolutionsfrage minder hold ist, erklärt sich aus der Besorgniß, daß die Sonderstellung, welche Galizien gewährt wird, auch zur Sonderstellung von Böhmen, Mähren und Schlesien führte. Deßhalb ist den alten Führern der Deutschen in diesen Ländern, den Ministern Herbst und Giskra, nicht zu verargen, wenn dieselben eine reservirtere Stellung, als Reichsbauer und Abgeordnete solcher Länder einnehmen, wo die Deutschen in absoluter Majorität sind.

Daß in föderativer Hinsicht keine wichtigere Concession auch nicht an Galizien concedirt werde, ohne ein werthvolles Gegenpfand zu erlangen, dürfte die ziemlich einstimmige Ansicht aller Nuancen der Verfassungspartei sein.

Die Partei der äußersten Linken ist der Situation gemäß berufen, gegenwärtig in die Action zu treten und aus eigener Initiative den Versuch zu wagen, die Wahlreform in Verbindung mit dem Ausgleich mit Galizien in Fluß zu bringen. Diese beiden Fragen in Verbindung involviren zugleich die Verfassungsrevision.

Thatsache ist, daß diese Fraction in der öffentlichen Meinung einen bedeutenden Anhang hat.

Daß die Stellung der Polen zu Oesterreich sowohl vom culturhistorischen, als europäisch-politischen Standpunkte eine wesentlich verschiedene als jene der andern Provinzen ist, läßt sich nicht in Abrede stellen. Während alle andern Königreiche und Länder als abgerundete Ganze durch Erbschaft und Vertrag an die Dynastie gelangten, und mit Ausnahme weniger Küstenstriche an der Adria sämmtlich Lehen des alten römisch-deutschen Kaiserreiches waren, ist Galizien durch die gewaltthätige Theilung der königlichen Republik Polen als Theil des zerissenen Reiches an die Krone der Habsburger gekommen, und wenn ein historischer Rechtstitel geltend gemacht werden kann, so gebührt er der Krone Ungarns. — Bei der Krönung des ungarischen Königs wurde ihm unter andern Fahnen auch eine polnische vorgetragen.

Ebenso ist es Thatsache, daß Galizien nie dermaßen mit den früheren deutschen Erblanden amalgamirt wurde, wie diese untereinander; daß seine geographische Lage es von dem Schwerpunkt der westlichen Hälfte entfernt, und daß der **ununterbrochene Protest der polnischen Nation** gegen die fremdländische Usurpation ihr die politische Anerkennung Europas erhalten hat.

Angesichts der Gefahr, welche der Civilisation Europas vom Osten droht, haben die Polen, wie die Magyaren die Mission der kleinen Ostmark der Babenberger übernommen.

Sie sind der äußerste Vorposten gegen den russischen Koloß, der vor allem **ihre** Nationalität bedroht. Ihr Nationalbewußtsein ist der sicherste Hort der Cultur im Kampfe gegen die Barbarei, und weil es dies ist, so ist es auch zur vollen Entwicklung gelangen zu lassen.

Abgesehen von dem besondern Staatsrechte Ungarns sind vom **culturhistorischen** und **europäischen** Standpunkte die Prätensionen der Polen ebenso berechtigt, als jene der Magyaren. Von diesem Standpunkte der höheren Politik läßt sich die einseitige Lösung der galizischen Frage und zwar in einer ähnlichen Weise, wie die Lösung der Beziehungen des croatisch=slavonischen Königreiches zur Gesammtheit des Königreiches Ungarn rechtfertigen.

Allerdings wird das Zustandekommen des polnischen Ausgleiches die Prätensionen aller übrigen Nationalitäten wachrufen. Zur Entgegnung dieser Prätensionen ist vor allem daran festzuhalten, daß die Polen Galiziens nicht aus dem Titel des Rechtes der Wahrung ihrer Nationalität eine Sonderstellung erhalten sollen.

Dieser Titel besteht nicht, denn die Nationalität eines jeden Volkes ist bereits in der Verfassung gewährleistet. Aus diesem Titel ist es den Polen ebenso wenig, als irgend einer Nation statthaft, eine Sonderstellung zu beanspruchen.

Aus diesem folgt aber, daß, wenn der Gesammtstaat aus Gründen der Politik sich eines Theiles seines Rechtes begibt und eine Stärkung seiner Machtstellung darin erblickt, daß er einer seiner Provinzen eine Sonderstellung einräumt, man ihm unmöglich zumuthen könne, auch allen andern Provinzen eine gleiche Stellung einzuräumen, wo die Gründe der Politik und Machtstellung dieses verbieten.

Wenn nur die Gründe der Politik hier maßgebend sind und erwiesen wurde, daß kein natürliches oder positives Recht verletzt wird, so könnten vielleicht Gründe der Billigkeit für die Generalisirung der Sonderstellung geltend gemacht werden?

Gründe der Billigkeit können wohl nur geltend gemacht werden, wenn hiedurch dem einen ohne Nachtheil des andern Factors ein Vortheil erwächst.

Daß die föderative Gestaltung des Staates in Kürze die

Monarchie auflösen würde, ist bereits nachgewiesen worden; aber ob andererseits die Sonderstellung einer Provinz oder eines natürlichen Volksstammes seiner geistigen und materiellen Entwicklung zu Nutzen und Frommen dient, ist wenigstens sehr zweifelhaft.

Wenn also weder ein Titel des Rechtes der Politik, noch der Billigkeit die Prätensionen anderer Provinzen oder Nationen rechtfertigt, eine gleiche Sonderstellung zu beanspruchen, welche im Interesse des Reiches der Provinz Galizien eingeräumt werden soll, so können diese zu erwartenden Prätensionen kein theoretisches Hinderniß sein, vollkommen objectiv in die Frage der Resolution des galizischen Landtages einzugehen.

Nachdem diese Frage eine eminent politische und als solche zugleich eine Machtfrage des Reiches ist, nachdem andererseits die Frage der Wahlreform neben ihrem staatsrechtlichen Charakter auch jenen einer Machtfrage involvirt und als solche ebenfalls zu einer eminent politischen anschwellt, so ergibt sich auch der Causalnexus der beiden zu einander.

Die Wahlreform in Verbindung mit der Resolution Galiziens berührt das Verhältniß des Staates zu seinen Provinzen und Nationen, berührt die Machtstellung von Oesterreich zu Ungarn und in Folge dessen auch die Existenzfrage des Reiches, sowie jene seiner Machtstellung im Gleichgewichte der Staaten Europas.

Die Consequenz dieser Thatsachen ist, daß die Lösung dieser staatsrechtlichen internen Frage durch besondere staatsrechtliche Verhältnisse unserer Monarchie wesentlich beeinflußt wird. Die rein internen Fragen, welche in's Ressort des Reichsrathes und seines parlamentarischen Ministeriums gehören, üben durch die dualistische Verfassung des Gesammtreiches stets eine Rückwirkung auf die Agenten der Delegationen und ihrer Minister, sowie sogar auf die Beziehung zu Ungarn aus.

So ist z. B. die constitutionelle Verfassung der österreichischen Reichshälfte in dem ungarischen Gesetze die Voraussetzung der Giltigkeit des Delegationsgesetzes. Die Sistirung des Constitutionalismus in Oesterreich wäre nach ungarischem Staatsrechte die Sistirung der gemeinsamen Behandlung der Reichsangelegenheiten in den Delegationen.

Wenn aber die Wechselwirkung eine thatsächlich vorhandene ist, und aus der Situation nicht entfernt werden kann, so ist die natürliche Folge auch die Wechselwirkung jener Factoren, denen die Besorgung jener Wechselbeziehungen im Staatsleben obliegt.

Neben dem parlamentarischen Ministerium wird sich daher immer und immer der Einfluß des Reichskanzlers geltend machen, welcher als Ministerpräsident des Ministeriums für die gemeinsamen Reichsangelegenheiten weniger das Sonderinteresse der einzelnen Hälfte, als das der Gesammtheit im Auge hat. Als Minister der auswärtigen Angelegenheiten ist er verpflichtet, über dem Standpunkte des Parteikampfes die Ruhe und Versöhnung im Innern zur Erhaltung der Macht und des Ansehens nach Außen anzustreben.

Daß der Minister des Auswärtigen nicht selbst Mitglied des parlamentarischen österreichischen Ministeriums ist, daß er also gegenüber dem Reichsrathe jeder Verantwortlichkeit entledigt und nebstbei als dem Reichsrathe unverantwortlicher Rath der Krone in unserer inneren Entwickelung als Partei auftritt; dies sind die traurigen Consequenzen unserer Verfassungszustände mit ihren vielseitigen Competenzen, verschiedenen Vertretungskörpern und verschiedenen Regierungen. Solche Uebergriffe haben dem österreichischen Ministerium seinen ersten Ministerpräsidenten gekostet, sie führten zur Spaltung im Ministerium Taaffe und mögen den Austritt Giskra's mitverschulden.

Der Umstand, daß der Reichskanzler nicht als Mandatar einer Partei, ja sogar im theilweisen Widerspruche zu seinen Wählern, also eben nur als österreichischer Staatsmann, als Minister der auswärtigen Angelegenheiten und des kaiserlichen Hauses in der Entwickelung der österreichischen Verhältnisse einen Parteistandpunkt einnimmt, zieht unwillkürlich die Krone mit in den Kampf des Parteigetriebes und untergräbt hiermit das Bewußtsein an die Stabilität der österreichischen Verfassungszustände, um so mehr, als seine Ansichten mit jenen des parlamentarischen Ministeriums in Widerspruch stehen.

Ein solcher Zustand ist ein demoralisirender, er ist ein unhaltbarer, er ist ein unterminirender.

Sind die Wechselbeziehungen sämmtlicher Minister des einen Monarchen natürliche Erscheinungen des Staatslebens, so müssen dieselben, wenn sie die normalen Functionen eines gesunden Organismus sein sollen, eben harmonisch sich gestalten und harmonisch in die Erscheinung treten. Eine Divergenz, soll sie den Organismus nicht zerstören, muß die Ausscheidung eines divergirenden Theiles zur Folge haben. Ist aber die Divergenz chronisch, so ist es auch die Krankheit des Organismus.

Angesichts des Sieges des Ministeriums Hasner hat Graf Beust sich aus der Action zurückgezogen und dem neuen Ministerium freie Bahn geöffnet. Statt dieselbe zu betreten, schiebt dasselbe die Wahlreform und die galizische Resolution bei Seite und behilft sich mit dem Palliativmittel eines Nothwahlgesetzes. Die Lösung der Divergenz im beiderseitigen Waffenstillstand, im Aufgeben der Action führt eben zum Marasmus der Stagnation. Aus diesem Sumpfe des politischen Lebens vermag uns nur die Initiative einer großen compacten österreichischen Volkspartei zu erlösen.

Mit dieser Betrachtung glaube ich auch an dem jetzigen Augenblicke angelangt zu sein, in welchem das Verfassungsleben im Allgemeinen, und das der österreichischen Verfassungspartei insbesondere sich befindet. Wenn ich den Maßstab der Kritik anlege, um als Resultirende der Gedankenarbeit unserer Vertretung und der Partei das **leitende Princip** zu gewinnen, so habe ich eben bereits nachgewiesen, wie und warum neben dem **individuellen Freiheitsgedanken** sich auch der **deutsch-nationale** entwickelte.

Neben der Reichsidee ist auch die nationale Machtfrage von uns aufgestellt worden und zwar **gegenüber der ausschließlichen Machtfrage** der nationalen, clericalen und feudalen Parteien.

Die Frage, ob Hammer oder Amboß? war die Frage unserer Gegner; **unsere Antwort ist: doch lieber Hammer! Amboß nie!** Diese Antwort ist entsprechend dem Principe des Rechtes und der Freiheit; sie gibt aber auch Ausdruck, daß **Recht und Freiheit der höchste Staatszweck und die Voraussetzung des Staates** selbst sind; sie gibt Ausdruck, daß **wir unsere Nationalität auch für unser Recht und unsere Freiheit ansehen** und für die Vertretung und Wahrung derselben in ganz Oesterreich **solidarisch** verbündet sind.

Ich glaube hiermit das Programm unserer parlamentarischen Minister, wie das der Partei richtig bezeichnet zu haben.

Vom Standpunkte des Parteimannes wird man, ein gegebenes Ziel im Auge, dasselbe mit aller Energie des Willens verfolgen. Das Ziel der Partei soll ein klares, von einer Idee durchdrungenes sein. Ist die Idee das Banner der Partei, so möge es für dieselbe einmüthig einstehen, sich nicht über kleinliche Verschiedenheiten zanken und freudig auch den kleinsten Schritt gegen sein Ziel vorwärts machen, wenn ihm der größere nicht gestattet ist. Der kleinste Schritt ist Bewegung, nur der Stillstand ist der Tod. Dem Parteimann genügt der engere Gesichtskreis. Im Rahmen der Verfassung findet die Aberration desselben ihr Regulativ im Streben der andern Parteien. Im Rahmen der Verfassungsmäßigkeit verringert sich die Last der Verantwortung des Volksrepräsentanten, er theilt dieselbe mit seinen Mandataren, wenn er, einer Ansicht mit seinen Wählern, derselben den richtigen Ausdruck gibt.

Der Staatsmann ist aber nicht bloß Parteimann, er muß die resultirende Anschauung aller Parteien abwägen und die Bilanz des Erreichbaren ziehen. Eine gewisse Zurückhaltung, eine Berücksichtigung der ganzen Situation ist die natürliche Consequenz, wenn er nicht seine Ansicht von einer großen Majorität getheilt sieht. Es ist seine Pflicht auszuharren, bis die Erfolglosigkeit seiner Bemühungen, oder die Unverträglichkeit seiner Stellung als Staats- und Parteimann eintritt.

Als Minister muß er die Sanction der Krone zur Einbringung von Gesetzesvorschlägen haben. Die Initiative des Ministers ist eine beschränktere, als jene des Parteimannes, denn es ist ja nicht seine, sondern jene der Krone. Die Unterlassung derselben ist noch kein Vorwurf, um so weniger, wenn dem Parlamente die Initiative zur Action überlassen bleibt.

Die Situation hat sich noch nicht soweit geklärt, daß dem Ministerium von der Partei ein Vorwurf gemacht werden kann. Der Vorwurf trifft eher die Partei selbst, wenn sie dem Ministerium in ihrer Zerfahrenheit keine zuverläßliche Grundlage der Kraft verleiht.

Die Demission Giskra's ist vielleicht vor allem deßhalb erfolgt, weil er an der österreichischen Verfassungspartei verzweifelte. Indem er ihr durch sein Scheiden aus dem Ministerium das Spiegelbild ihrer Zerfahrenheit vorhält, mag er dieselbe zu neuem Selbstbewußtsein und neuer Thatkraft aufmuntern.

Ein Horoskop aus logischen Prämissen zu ziehen, wie die thatsächliche Entwickelung sich vollziehen wird, ist eine Unmöglichkeit und widerstreitet der inductiven Methode der Behandlung des Gegenstandes.

Die Aufgabe war, die leitenden Principien im Leben der Verfassungspartei historisch nachzuweisen und alle Emanationen derselben auf den abstrahirten Grundgedanken zurück zu führen. Wenn aber kein Horoscop der thatsächlichen Entwicklung gestellt werden kann, so ergibt sich doch aus den Eingangs erörterten allgemeinen Grundsätzen, daß der gegenwärtige Zustand ein unhaltbarer ist, daß der nächste Schritt der Action der deutschen Autonomistenpartei gebührt, daß, wenn die Frage der directen Wahlen, und dazu das nöthige Einverständniß mit den galizianischen Abgeordneten mißlingt, der Reichsrath in Folge der aufgewühlten öffentlichen Meinung keinen Halt in irgend einem Theile des Volkes haben wird und seine Neuwahl, wie jene seiner Wahlkörper der Landtage unter dem Schlachtrufe der Parteien die nothwendige Consequenz sein wird. — Dieselbe ist wohl die erlösende Rettung aus der Stagnation des politischen Lebens, aber es ist weder der Erfolg verbürgt, daß im Kampfe der Parteien durch eine compacte Majorität eine vortheilhafte Abänderung erzielt werde, noch die Gefahr ausgeschlossen, daß nicht die Folge der Neuwahl des Reichsrathes durch die Landtage, Letzteren ein erhöhtes Schwergewicht beilege. Und doch dürfte eine solche gesetzliche Neuwahl die Consequenz des Mangels der Einigkeit und Energie der Verfassungspartei im gegenwärtigen Augenblicke sein.

Die Stunden sind gezählt, wo die Partei von ihrem Standpunkt die Frage zu lösen vermag. Die Lösung liegt in der staatsmännischen Behandlung der galizischen Resolution, verbunden mit der ungesäumten Abänderung des Wahlgesetzes für den Reichsrath.

Die Gewährung der Forderung der galizianischen Abgeordneten gegen Verzichtleistung auf weitere Oposition in der Wahlreform, gewährt derselben die Aussicht im verfassungsmäßigen Wege zu Stande zu kommen. Ist dieselbe durchgeführt, so haben sogleich die Neuwahlen für den Reichsrath ausgeschrieben zu werden, bevor die Landtage zusammentreten. Der Reichsrath hat von seinem reformirten Wahlgesetze Besitz zu ergreifen und die Delegationen zu wählen, früher als die gegnerische Agitation in den Landtagen sich ausgebreitet hat.

Sache des neuen Reichsrathes wird es dann sein, die autonomen Anforderungen der Landtage und die nationalen Wünsche der Völker Oesterreichs in fernere Erwägung zu ziehen.

März 1870.

Nachschrift.

Mit den vorhergehenden Worten glaubte ich zu der Zeit, als dieselben geschrieben worden, ein Programm für das weitere Vorgehen der Actionspartei gekennzeichnet zu haben. Diese Worte sollten das Schlußwort bilden; und in einem kurzen Vorwort an meinen Leser wolle ich demselben nahelegen, daß er in diesen Zeilen keine Conjekturalpolitik für die fernere Entwicklung unserer Parteigestaltung zu suchen habe, sondern daß ich ihm nur ein Bild des Geistes in der Geschichte der Partei geben wollte. Ich wollte mich entschuldigen, daß ich an manchen Stellen durch subjective Färbung der verschiedenen Parteiansichten — seinem objectiven Urtheil vorgegriffen habe, und daß ich im Schlußwort aus den gegebenen Prämissen eine in ihrem Erfolge fragliche Lösung der Situation gleichsam als Programm der ganzen deutsch-österreichischen Partei entwickelte, welche doch nur von einer Fraction acceptirt, von der großen Mehrzahl aber kräftigst bestritten wurde. Indem ich mich anschickte, dieses Vorwort zu schreiben, bringen die Hiobsblätter die Ereignisse vom 31. März; und die Versuchung tritt mächtig an mich heran, ungetreu der gestellten Aufgabe an die Stelle des Vorwortes eine Nachschrift zu setzen und mit derselben mich in die Aufgabe der Tagesliteratur zu mischen. Indessen will ich mich bemühen, die vorgezeichneten Schranken nicht zu überschreiten und keine Consequenzen für die reale Gestaltung der Dinge, sondern nur für das ideale Programm der Partei zu ziehen.

So lange der Reichsrath die große Majorität der Völker Oesterreichs repräsentirte und derselbe in der Continuität seiner Zusammensetzung nicht bedroht war, so waren in der Action der österreichischen Verfassungspartei alle Schritte gerechtfertigt, welche die

Machtstellung der verschiedenen Parteien nach der Schwere der Stimmenanzahl der Abgeordneten bemessen hat.

Dieser Anschauung, zu Folge war, wie schon nachgewiesen, das Reformprogramm Giskra's parlamentarisch berechtiget. Nachdem dasselbe abgelehnt war, so war das Programm der äußersten Linken, nämlich die Umstaltung der Wahlreform mit der Gewährung einer Sonderstellung Galiziens ein durchführbarer Gedanke, und vielleicht eine erlösende That.

Diese Anschauung hat aber ihre innere Berechtigung verloren von dem Augenblicke, als der Reichsrath nicht mehr die reale Vertretung der Monarchie ist.

Ich habe schon früher nachgewiesen, daß der Mangel der Einigkeit unserer Partei zur Auflösung des ganzen Reichsrathes und zum Appell nicht an die Landtage, sondern an die Urwähler führen dürfte.

Die Auflösung nur jener Landtage, deren Abgeordnete reichsrathsflüchtig wurden, ohne auch die andern aufzulösen, hieße, 1. gegenüber den Austretenden eine Parteipolitik treiben, und die Neubeschickung unmöglich machen. Denn dieselben werden jenen Reichsrath eben nicht beschicken, in welchem sie dieselben Persönlichkeiten in ihren Gegnern finden; es heißt aber 2. angesichts einer Frage, welche spezifisch das Recht oder wenigstens das fragliche Interesse der Urwähler berührt, dieses Recht den Urwählern, den Vollmachtgebern der Landtagswahlmänner verkümmern, und schließlich 3. untergräbt es das Ansehen jener Abgeordneten, welche unter der Parole der brennenden Tagesfrage sich dem Appell an das Volk nicht unterzogen haben.

Wenn bis zum 31. März dieses Jahres, so lange als der Reichsrath als der wirkliche Vertreter der Bürger dieser Monarchie zu gelten hatte, eben auf die Vertheilung der Stimmatome im Reichsrathe Rücksicht genommen werden mußte; so muß jetzt angesichts des Bruchstückes von einem Parlamente, die staatsmännische Action auf Grundlage des Schwergewichtes der realen Parteimaßen unternommen werden, und ein Vorhaben der Krone durch Auflösung der sämmtlichen Vertretungskörper und ihrer gesetz=

lichen Neuwahl hat als constitutioneller Appell an die Einsicht und den Willen der Mehrzahl zu gelten.

Werden die Landtage nicht aufgelöst und gelingt der Versuch aus den bestehenden Landtagen den Reichsrath zu ergänzen, so ist es gewiß, daß mittlerweile der Schwerpunkt der Action wieder in die Landtage gelegt werde, und der completirte Reichsrath mit einer abermaligen Einbuße seiner Machtstellung zu einer Delegirtenkammer der Landtage herabsinkt. — Im besten Falle vermag er sich jene Position zu schaffen, welche derselbe vor dem Austritte der Nationalen besessen.

Die Politik der kleinen Mittel ist ein überwundener Standpunkt. Die Stellung der deutschen Autonomisten in der galizischen Resolutionsfrage eine von der Stellung der Polen bedingte; die Frage jeder Wahlreform und die Kräftigung des Reichsrathes gegenüber den Landtagen eine hinausgeschobene, wenn nicht aufgehobene. Kurz, es ist jener Zustand der Unbehaglichkeit in Permanenz, welcher eben als Ursache der gegenwärtigen Situation zu gelten hat.

Die Grundursache des Uebels liegt nicht blos in der Verquickung der Wahl für die Landtage und den Reichsrath, sondern im Gesetze der Wahlordnung selbst.

So lange als in dieser die Grundidee der österreichischen Verfassungspartei, das ist die Freiheit des individuellen österreichischen Staatsbürgers gefälscht ist, vermag diese Idee weder die Einigung der Partei in sich zu vollziehen, noch ihre Anerkennung aus dem Titel wahrer Gleichberechtigung von ihren Gegnern zu erzwingen.

Wenn für den Landtag, sowie für Bezirksvertretungen die Wahlordnung auf Grundlage der Interessenvertretung eine gewisse Berechtigung hat, weil in denselben vorzüglich materielle Fragen verhandelt werden, und weil die Landtage eben nur Eine Kammer sind und von diesem Standpunkte auch alle Interessen in dieser vertreten sein sollen; so sind dem Centralparlamente vor allem die persönlichen Interessen des Rechtes und der Freiheit auf dem Principe der Gleichheit anheimgegeben und der besondere Schutz der specifischen Interessen im Gleichgewichte zweier Kammern gesichert.

Bei der Verschiedenheit der Principien, welche einer Wahlordnung für ein Reichsparlament, und einer solchen für österreichische Landtage inneliegen, konnte bei Verquickung beider auch nicht an die meritorische Reform derselben gegangen werden.

Die Landtage waren aus Rücksichten für die Conformität der allgemeinen Reichsrathswahlordnung beengt, eigenthümlichen Verhältnissen Rechnung zu tragen und das große demokratische Princip der individuellen Freiheit und Gleichheit konnte in der zweiten Kammer des Reichsrathes aus Rücksicht für das Princip der Interessen-Vertretung in den nur aus Einer Kammer bestehenden Landtagen nicht zum Durchbruche kommen.

Aus dem Gesagten ergibt sich aber mit innerer Nothwendigkeit, daß durch die Completirung des Reichsrathes aus den alten Landtagen kein Schritt aus der Verschiedenheit der Ansichten im Schooße der österreichischen Verfassungspartei zur Einigung und Consolidirung derselben vorwärts gemacht werden wird.

Nur wenn die Verfassungspartei ihren Mandataren in der Aufstellung eines Actions-Programmes für die gegenwärtige Situation ein einheitliches Ziel bestimmt, werden die Abgeordneten auf Grundlage eines solchen in die Action eintreten können.

Es erübrigt noch zum Schlusse das Wahlprogramm selbst zu entwickeln, welches als Banner der liberalen, deutsch-österreichischen Partei bei Eintritt einer Neuwahl aufzuhissen sei, um, treu ihren ursprünglichen Principien, sich im Innern zu einigen, und den Gegnern jeden Vorwand gerechter Klage abzuschneiden.

Vor allem hat das Princip der **Rechtscontinuität** als unumstößliches Staatsrecht zu gelten. Jede Aenderung kann nur im verfassungsmäßigen Wege durchgeführt werden.

Sodann hat das **Grundprincip der individuellen Freiheit**, als der österreichische Staatsgedanke, von der Partei als österreichischen festgehalten und gekräftiget zu werden. Die zweite Kammer hat in ihrer Wahlordnung das Princip der Partei **unverfälscht** zum Ausdrucke zu bringen.

Es hat die Vertretung der individuellen Persönlichkeit in demokratischer Weise so weit geltend zu machen, daß die hohen Interessen der persönlichen Freiheit und Cultur durch den Census einer gewissen Vorbildung der Wähler gewahrt seien.

Die Heranziehung der Vertretung einer **intelligenten Arbeiter-Bevölkerung vor Eintritt einer socialen Bewegung** ist staatsmännisch gerechtfertiget; denn **organisirte Massen** sind weniger gefährlich, als **zerbröckelte Atome**, die unbewußt von unsichtbaren Händen getrieben werden. Die sociale Bewegung, die nicht allein kommen wird, die schon **gegenwärtig sich kundgibt, ohne durch die sociale Noth in Oesterreich erzeugt zu sein**, welche aus dem Mutterschooße der Geschichte mit dem Menschen zugleich geboren, einmal zum Bewußtsein ihrer Reise und Kraft gelangt, **die politischen Fragen verdunkeln wird**: sie muß eben dadurch in das Bect der **Gesetzlichkeit** geleitet werden, daß ihr die im **Staate berechtigte Vertretung** zu Theil werde.

Die **Vertretung** derselben ist aber nicht allein **gerecht**, sondern sie schafft der österreichischen Verfassungspartei einen **mächtigen** und **selbstbewußten Alliirten** im Kampfe gegen die **ultramontane und feudale Liga**, welche sich **brutaler, unbewußter Arbeiter-Atome zum Sturze der Freiheit und Aufklärung** bedienen könnte.

Und wenn die **zweite** Kammer den Individualismus der Persönlichkeit in **demokratischer** Weise zu Ansehen und Geltung zu bringen hat, so hat die **erste** Kammer das **aristokratische** Element im weiteren Sinne zu vertreten.

Die unlimitirte Anzahl von Pairs der Krone müßte im Interesse des Constitutionalismus begränzt werden, und das Oberhaus neben den Virilstimmen noch durch Abgeordnete aus Gesellschaftskreisen verstärkt werden, welche im Staate ein specifisches Interesse repräsentiren. Der Großgrundbesitz und die **Handelskammer** könnten hier einen Ersatz finden, für die in der zweiten Kammer verlorene Stellung.

Das Interesse der Wissenschaft und Kunst wäre durch freie Wahl der Hochschulen, Akademien ꝛc. zu wahren. Die großen Körperschaften der Landtage hätten ihre Repräsentation im Reichsparlamente durch Absendung einer Anzahl von Delegirten, welche **jedoch diesem**

Hause nie den Charakter eines Länderhauses gewähren dürften.

Für die Wahrung der deutschen Nationalität genügt, wie für jede andere, die Solidarität Aller in der gemeinsamen Gesetzgebung, Administration und Gerichtsbarkeit. Sie verzichtet auf jedes Uebergewicht einer gekünstelten Wahlordnung ins Centralparlament, sowohl aus dem Titel der Gleichberechtigung Aller im Staate, als auch aus dem Bewußtsein der Machtfülle der von ihr vertretenen Ideen.

Und indem sie einem jeden österreichischen Bürger durch die Wahlreform das gleiche Recht und die gleiche Solidarität der Nationalität wahrt, bringt sie ihr Grundprincip der Freiheit, Gleichheit und Brüderlichkeit zur realen Verwirklichung. Sie hat hiermit die drei großen Principien des Rechtes, der Freiheit des Individuums und des solidarischen Schutzes jeder Nationalität in ihrem Programme geeiniget, und Allen die Hand zum Bündniß geboten, die in einem großen gemeinsamen Oesterreich ein theures Vaterland und eine sichere Stätte der Cultur und des Fortschrittes erblicken.

Am 8. April 1870.

Berichtigungen.

Seite 6, Zeile 10 von Unten: statt ihre organische, lies: ihrer organischen.
„ 12, „ 6 „ „ „ in höheren Begriffen, lies: im höheren Begriffe.
„ 12, „ 3 „ „ „ wurde, lies: wird.
„ 14, „ 4 „ „ „ die Verräther, lies: Verräther.
„ 17, „ 13 „ „ „ wie seinen Theilen, lies: wie seiner Theile.
„ 20, „ 15 „ Oben: „ wirkliches, lies: wirklichen.
„ 23, „ 1 „ „ „ diesen, lies: diesem.
„ 26, „ 9 „ „ „ des Landtages, lies: der Landtage.
„ 29, „ 11 „ „ „ den verfassungsmäßigen Punkt, lies: die verfassungsmäßige Basis.
„ 36, „ 15 „ „ „ Kremsirer Landtages, lies: Kremsirer Reichstages.
„ 37, „ 3 „ „ „ Stimmrecht, lies: Wahlrecht.
„ 40, „ 9 „ „ „ Agenten, lies: Agenden.